日本の庭ことはじめ

日本の庭ことはじめ

目次

はじめに

庭園とは人間にとって何なのだろうか。人間は自然を破壊しながら文明社会を拡大し、しかしもう一方では庭園というかたちで、暮らしの中でいつも自然をいとおしんできた。

庭園というものは、人間がつくり上げてきた都市文明社会の中での、人間が自然と共にあろうとする文化のかたちではなかろうか。生命は生まれ、成長し、朽ち果ててゆく。変化し、形状を変えてゆく自然が、都市の中で人間と共にあることを、美しき文化の一形態として成立させたのが、日本における伝統的庭園(日本庭園)だとしたら、自然をどのようなかたちに制御し場をしつらえ、「意匠」として発展させてきたのだろうか。

都市の中で、人間と自然の共生のために巧まれた意匠。変化する自然をその主軸に置く文化としての庭園の意匠を読み解くことを試みたいと思う。

二〇世紀、そして二一世紀。大量生産、大量消費の社会を獲得・維持するための都市の構築はとどまることを知らず、人間は、急速に拡大展開する都市の中で翻弄され、自らの生命体としてのあるべき本来の姿を見失いかけているように思えてならない。自然を背景として成立すべき都市が、周りの自然環境を食いつぶしながら巨大化し過ぎたため、われわれは今日、自然環境を機能として再度つくり出さざるを得なくなっている。しかし自然との共生は混乱をきたし、一部の過剰な自然賛美はその混乱をさらに拡大している。

生き物たちと再びどのような関係をもてばいいのか。「都市」という人間がつくってきた文明の中で、自然と共にある暮らしを考える時、「都市の中の自然」として、今再び「庭園」へと思い至る。

庭園とは歴史を振り返れば、ある特定の権力階層の文化的所産としての理想宇宙モデルであったといえるのだが、そのことを超えて庭園は人間の本質にかかわる豊かさをもっているように思える。

時には神話上の物語に、時には世界地図の一角に、さまざまな民族や文化において楽園が描かれてきた。混沌たる現実世界から抜け出した、架空の秩序ある至福の世界。キリスト教の「エデンの園」も、陶淵明《とうえんめい》の「桃源郷《とうげんきょう》」も、そうしたもののひとつであった。あるものは「オアシス」と呼ばれ、あるものは「パラダイス」と呼ばれた。

物語を絵に描くだけではなく、人間は常に身の回りに自らの意志の下に理想宇宙の縮図をつくってきた。そこには自然の抽出としての木と水と石が配されていた。

自然の中の一存在でしかない人間にとって自然とは、ある時は自らを守るため激しく戦わざるを得ない相手であり、ある時は畏れと敬いをもって接する存在であり、ある時は多くの恵みを与えてくれるものである。その自然との理想的な関係のあり方を、日常の生活空間のすぐそばで、仮想の理想空間として表現したものが庭園である。庭園は衣・食・住の中で、なくてはならぬ機能ではないがゆえに、志向された理想がそのまま空間の形態と構成として表現されてきた。そしてその空間の多くは、生きた植物と水と石で彩られていた。たとえその庭園に込められた仕組みや意味が理解できなくとも、理想の生命への賛美と、空間の豊かさを感じ取ることができた。その人間と自然の理想関係の形態はその土地の風土・文化により豊かな形態を生み出してきた。

日本にも高度に発達してきた豊かな庭園文化がある。しかし今日、われわれの身の回りからこうした日本庭園が急速に失われつつある。失われているのは庭園そのもののみならず、その空間をつくり、維持してきた技術もまたそうである。職人たちに見よう見真似で伝えられてきた技が絶えようとしている。技術が絶えるということは、たとえ文化財として残された空間が消失しなくとも、庭園空間が正しい形態を保てなくなることへとつながっている。庭園を通してそこに織り成されてきた豊かな人間と自然との関係も忘れ去られようとしている。

日本庭園は西欧の整形式庭園と異なり、自然風景式庭園という様式に属する。自然風景式庭園には英国発祥のものもあるが、日本庭園の場合は特に、生きている自然を庭園構成の骨格構造物として使う。そのため空間そのものが生きている自然として変化する。

また、「手入れ」と称する人間の維持管理による植物成長の誘導が行なわれなくなったり、その誘導がデザイン当初に意図した方向に向かわなくなる場合もある。時間の経緯の中で変化したかたちが、意図された場合もされない場合も含めて、更なる別の価値をもって整えられたりもする。

それは建築物・建造物・美術工芸品を評価する指標からだけでは表わしきれない庭のもつ特殊性であり、日本庭園の歴史的な価値評価があいまいにならざるを得ない由縁もここにある。それゆえに歴史的所産としての価値の位置付けが明確になされず、美術的、芸術的価値も不確定なまま、失われてしまうものが数多くある。

　現在残されている日本庭園の圧倒的多数は建築に付帯し、建築本体の歴史・文化的価値の一部として評価され、残されている。日本の庭というものを評価するにあたり、ほかの建築や美術工芸品と異なるこの特殊性を、いかなる指標により読み解き、どのような価値性として認識すればよいのだろうか。

　本書では変化する自然を意匠（デザイン）の主役として扱う日本庭園の独自性に着目し、日本の庭園文化を「自然を扱う意匠」という視点から読み解いてみたい。日本の庭の評価を見極めようとすると、自然を扱っているがゆえに、変化に惑わされ、庭園の骨格や構造を見失ってしまいかねない。ともすれば庭園の工作物をあたかも庭の主役の造形として扱ってしまったりすることがある。そのために次の事を明確にしておく必要がある。庭園の主役はあくまでも自然であるということ。ではその主テーマとしての自然を、より美しく享受するために、どのような装置が、その庭園の構造として、さらにはディテールとして、巧まれているのであろうか。本書においてはこの視点に基づいて庭園を見ていきたいと思う。

第一章 近現代の庭

庭はいざ読み解こうとすると、なかなか難解なものだと感じてしまう。歴史的説明や造形空間の解説ではどうも捉えきれない。本章ではまず、庭の奥行きを知るにあたって、まだ生きて使われている、あるいは少し前まで使われていた明治以降の庭園のいくつかを紹介したいと思う。それらは江戸期までの権力者による歴史的遺産としての庭園ではなく、われわれの現在の生活により近い空間であり、暮らしの場であり、また近代以降に作庭されたものであるために、所有者や作庭者の庭にかかわる姿がより鮮明に浮かび上がってくる。残されている彼らの言葉も交えながら、庭の世界をのぞいてみよう。

庭の魅力

わずかに日差しの暖かさが感じられるある冬の日に、京都南禅寺近くの庭を見る機会があった。近代の庭の名工といわれる植治《うえじ》こと七代目小川治兵衛《おがわじへい》の作庭による「織宝苑《しょくほうえん》庭園」である。座敷からアカマツの枝越しに池の水面に光が揺らぐ。樹木が茂っていればその枝に水面は遮られてしまうが、狭い空間の奥行きを見せるために、枝を透かせてある。枝の数を減らし、さらに葉の数を減らすことにより、目先にマツの木の年を経て曲がりくねった枝ぶりの美しさを見せ、同時に奥の水面の景色を見せている。さらに視線を遠方にやれば、東山の山の端は蒼く、月は満月の時にはどこから上がるのであろうか、その姿はさぞ美しかろうと思いをはせる。違和感を覚えないように木々は縮小されて、その場のスケールに合わせて仕立てられていることは、専門家でない限り気付かないであろう。遠方の景色も余分なものが目に入らないように、視界は誘導されている。実はわれわれは、知らず知らずのうちに庭の仕組まれた演出の中に導かれているのである。この仕組まれた構成の中で、人はそれぞれの思いを遊ばせる。ある人は苔むしたひとつの岩に太古からの時間を感じ、ある人は夕暮れの水に映る紅葉の並外れた美しさを感じ、ある人は一輪の花を慈しむ。

庭園史において明治以降という時代は、時の財界人や、旧家、商家、料亭などをはじめとして、一般の庶民の住宅におよぶまで幅広く庭造りが行なわれた時代であり、庭がそれまでの限られた階層のみのものではなくなった。そのために庭をつくる造園業が発達する。造園家が、デザイナーとして施主の意向を具体的な庭園の形態に反映させ、最終的に物を収める技術者集団を差配し、多くの庭造りが行なわれるようになる。造園家植治は、明治の中期から昭和の初頭にかけて京都の南禅寺界隈を中心に活躍し、その最盛期には三〇〇人余りもの職人集団を抱えていたという。その後関東では飯田十基《いいだじゅうき》、京都で小島佐一《こじまさいち》などの造園家が登場し活躍する。

現在、生活空間の中で庭として扱われる領域は実にさまざまである。大小の差こそあれ個人の生活の場における庭空間から都市の建造物の外部空間、さらにはランドスケープと呼ばれる領域へ展開してきた。こうした空間の多様化は庭園技術の豊かな社会的展開であるともいえるが、近代以前の庭園空間の中で受け継がれてきたものの中にあった何かが喪失してしまったように思えてならない。

しかし一方では新たな試みも行なわれている。多様化する領域に対して、今までの職業としての造園家とは異なる範疇から庭園という言葉を使って屋外空間を造形する人たちが現われてきていることもそのひとつである。彫刻家のイサム・ノグチなどはその代表的な人物ではなかろうか。それではいくつかの庭を見てみよう。

織宝苑庭園のアカマツの枝（次項）

北村美術館「四君子苑」庭園

北村美術館「四君子苑《しくんしえん》」庭園は、京都における最後の近代数寄者と呼ばれる北村謹次郎《きたむらきんじろう》によって、御所に近い鴨川のほとりにつくられた邸宅とその庭である。一帯には寛文年間に堤防が設けられ、御所のすぐ東に位置するため皇族や貴族の離宮や別荘が多く営まれていた。「四君子苑」の敷地は過去には後水尾《ごみずのお》天皇の弟が梶井宮《かじいのみや》を営まれ、明治以降は藤田男爵が取得、そしてその後、分譲地化され、その一角が北村所有となったのである。「応仁の乱を知っているだろうといわれる、樹齢五百年以上の大椋」（『京・四季の茶事』、一九九〇年、主婦の友社刊）が茂る地である。「四君子苑」の建築と庭は昭和初期にできたが、ムクの大木と、この地の来歴を知ると、その歴史は千年の都の歴史に重なり、その末裔であるこの庭が現代にあることのすごさを思う。

庭の第一条件は、すばらしい景色を眺められる場を確保することである。北村は取得当時の周囲の景観を次のように記している。「このあたりは、正面に大文字山を臨み、賀茂川と高野川が合流して鴨川となったすぐ下流なので、川巾も格別広く、白い波しぶきに千鳥がたわむれる鴨川ごしには叡山から東山三十六峯が眺められる。かつて頼山陽が『山紫に水明らかな処』と賞めた景勝の地である（略）」（『普請好きの冒険』、芸術新潮40号、一九八九年、新潮社刊）。現在は残念なことに、周囲にビルが建ち並んだため、外部への視界を高く閉ざして、奥座敷からのすばらしい景色は東山の山の端を除いて見えなくなっている。しかしそれをさておいても、閉ざされた中に残った世界には余りあるものがある。

清楚なたたずまいの表門
鴨川と河原町通りの間の静かな通りに面して建つ。荒い竹垣の駒寄せがアクセントになっている。

ムクの古木（左頁）

建築は一九四〇年（昭和十五年）頃から施工が始まり、一九四四年（昭和十九年）に完成。終戦のまさに直前に出来上がった。母屋は数寄屋建築の名工、北村捨次郎《きたむらすてじろう》によるものであった。戦後母屋は進駐軍に接収され、茶室「残月亭《ざんげつてい》」の写しを含めて傷付けられたため、玄関周りと離れを残してやむなく取り壊し、一九六四年（昭和三九年）に建築家吉田五十八《よしだいそや》により新しい母屋が完成した。中国では「菊の高貴、竹の剛直、梅の静冽、蘭の芳香」を讃えて、「四君子」とあがめる風習があり、「菊竹梅《むめ》蘭」のそれぞれの頭文字を連ねると「きたむら」と読めることを重ね、「四君子苑」と名付けられた。

現在の庭は佐野越守《さのえつしゅ》による。彼は弟の佐野旦斎《たんさい》と共に昭和の戦前から戦後にかけてその名が随所に見え隠れする作庭家である。「俵屋旅館」や「高麗橋吉兆」、建築家吉村順三《よしむらじゅんぞう》が設計したフィラデルフィアにあるロックフェラー三世の「松風荘」の庭園は旦斎の作であった。しかし弟に比して越守の庭園で残っているものは少ない。彼の庭には、物事のバランスなどという世界を超えた独特の質と味わいがある。色のある通好みの世界であり、ぞくっとするような気配が漂う。越守を知る人は彼の事を大変な遊び人であったというが、そのためかもしれない。

四君子苑の庭造りの過程は北村によって書き残されている。『京・四季の茶事』に記載されている、「庭師S君」として登場する越守とのやりとりには、その数寄者ぶりがうかがわれて興味深い。材料入手について実に面白い数々の逸話が残っている。庭とは材料との出合いがその仕上がりを決定するものである。北村は庭造りのための数々の名品を、戦前戦後のドサクサの時期だからこそ手に入れることができた。数々の名品との出合いの様

寄り付き前の庭（前頁）
門を一歩潜ると湿った空気に包まれる。手前に御駕籠（おかご）石、奥には寄せ灯籠。

母屋玄関への石畳（左頁上）
オーソドックスであるが住宅にしては骨太の雨落としのデザインと軒内の赤い敷き砂利。

塀と石畳（左頁下）
塀の石積みの素朴な力強さ、無作為さが実に良い風情。

子からは、美術品を収集する数寄者としての生な姿と感情が見え隠れする。
その一部を前掲書から紹介しよう。写真家の土門拳《どもんけん》、骨董通の相原、そして北村の、石に目がない三人が石の層塔目当てに同行している時、古い農家の石垣の中に、格狭間に孔雀文のある石の断片が積み込まれているのを見つけた。相原が農家にかけあったところ「石垣の石を抜いたら、上に建っている家がひっくり返るのがわからんのか」と怒鳴りつけられ、またある寺の石仏群から見つけ出した二体仏をもらい受けるのを住職にかけあって「寺へ石仏を納めにくる奴はたくさんいるが、持って帰るという奴は初めてじゃ。山の下まで、あの石段をよう持っておりたらタダでやるわ」と笑って言われ、運転手二人に下ろしてもらったなど、逸話の枚挙にいとまがない。

では実際、どのような庭なのか見ていこう。まず総瓦葺の端正な長屋門を潜って、ねっとりとまとわり付くような気配の中に立ち入ると、足元に展開する飛石の風情に驚かされる。玄関に向かう厚い大きな長方形の飛石が、この庭の骨格の太さを告げるかのようである。飛石や石造品、塀など、多くの要素が混在している玄関先だが、九条家の御駕籠《おかご》石だという大きな一石にすべてが従えられ静まり返っているようだ。桂離宮の御幸《みゆき》門を入ったすぐのところにも輿を載せるための矩形の石があるのが思い起こされる。その少し先のずんぐりした大ぶりの飛石とそれに寄せて据えられたごろんとした石の畳み方も良い。

玄関前には基壇、棹、中台がすべて異なる石灯籠の中台の上に、ちょこんと鉄鋳物の釣灯籠が載せてあり、変化に富んだ寄せ灯籠となっている。玄関より振り返れば鎌倉前期の作といわれる三重の塔がずんと塀の隅に控えている。深い緑の中の道は竹穂の松明《たいまつ》垣で左

五輪塔(右頁)
文永二年の銘がある大日寺の五輪塔。

ごろんとした飛石の風情

右に分かれるよう軽く仕切られ、右に進むと寄り付きへ、左に歩を取れば母屋の玄関に至る。玄関土間周りの雨落ちはノミ跡の深く残るカチッとした大ぶりな蔓《かずら》石で枠取られ、狭い空間であるからこそ、この石の大きさが場を引き立てている。軒内には赤の砂利が敷き詰めてあり、目に鮮烈な印象を残す。土塀足元の積石はその高さがわずかなのに、凹凸ある面が表に出され、石と石の合端《あいば》（石と石との接合部分）の陰影が深く取られることで、限られた空間である玄関を力強く枠取っている。

寄り付きの南には洋室が接し、その敷居は戸の溝が精巧に掘られた竜山（たつやま）石でつくられている。室内のディテールまでが庭の一部になっているようである。洋室前の庭には重要文化財の六角形石灯籠。洋室から土間を経て片流れの渡り廊下を東に奥に進む。渡り廊下の足元の敷瓦のしっとりした黒が美しく、その小振りなサイズが良い。右脇の雨落ちには随所に古材の石による遊びが見られ、ひとつの造形物となっている。渡り廊下脇には対向孔雀文の鎌倉中期の水鉢、少し離れて大日寺の五輪塔が置かれている。

腰掛待合を経て二畳台目小間の茶室「珍散連《ちんちりれん》」がある。その名は長唄「娘道成寺」のあいの手としていつも北村が口ずさんでいた言葉から付けられたものという。茶室の貴人口の庭側には池の鯉を見るための目おこし焼杉を四半張りした小さな広縁が張り出すが、この仕上げは北村によれば粋過ぎたという。しかしここから池を望む景色は「四君子苑」で私が一番好きな景色である。

濡れ縁の先、池の中には袈裟《けさ》形の手水鉢が高く据えられ、そこへ青竹の筧《かけひ》から水が注がれ、緊張感ある瀟洒な趣を醸し出している。筧の竹の組み方も絶妙である。一転してその

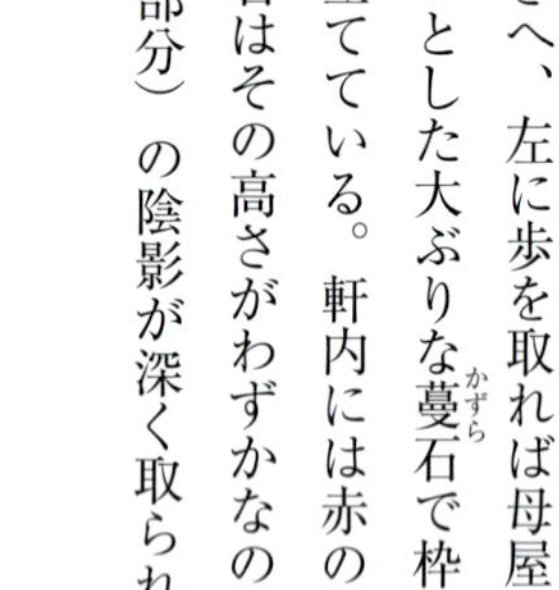

珍散連への内玄関
血のような赤の石の上を水が流れる。

阿弥陀如来坐像石仏（左頁）
苔の中から立ち現われるようである。

背後に添えられた三角雪見灯籠の三角の笠のかわいらしいかたちは、贅を尽くした庭と建築を和らげて目と心に息抜きをさせているようである。手水と三角灯籠の対比がすばらしい。広間へ向かう途中の内玄関前には、石棺の蓋を転用した重厚な石材が敷かれ、流れがその下を潜って池へと注いでいく。光と影が深く入り組むこの一角、流れる薄い水の下には丹波春日部の赤石が敷かれ、流れる水によって表情を変える。石の色が血のようで見る者をぞくっとさせる。

広間北の庭にも、越守の協力の下に厳選して集められた手水鉢、石灯籠、石仏など石造品の絶品が、庭の主役として絶妙な位置に据えられている。特に四方仏手水鉢と、その後方に据えられた主張のある八角形の置灯籠との組み合わせは、これだけ個性の違うもの同士であるのに違和感がない。それは置灯籠が置かれた大ぶりな力ある役石が景色をまとめているからで、その配置、収め方は見事というほかない。

奥の広間に至ると、一気に視界が明るく開ける。広間東の庭は鴨川へ面した場所であった。ツバキ、モチ、クチナシ、サザンカなどを混植した「木蜜垣《こみがき》」と呼ばれる手法が取られ、大刈り込みされている生垣の向こうには東山の峰が連なり、大文字も正面に眺めることができる。開け放たれた軒内の鴨川の真黒石《まぐろいし》による石畳はまるで工芸品のように精巧な石と石の合わせになっていて、北村によれば「名は忘れたが、たたみ石の名人という職人が一人で楽しみながらたたんでくれた」（前掲書）そうである。

玄関に戻り、一九六四年（昭和三九年）竣工の吉田五十八が設計した母屋へと向かう。この母屋は、角に柱のない洋間が東向きに庭に開け放たれており、庭と入り組んだ日本的な

吹き放しの広縁と袈裟型の手水鉢（前頁）
北村が「粋過ぎた」という目おこしの焼杉の四半張り。「舟の席」。

三角雪見灯籠（左頁）
緊張感漂う空間の間合いを抜くかのような、かわいらしい姿。

環境をモダンにまとめ上げている。洋間南に隣接する和室からは景石の配された庭が望める。池の水面から透けて見える真っ赤な池底とカラフルな錦鯉が泳ぐ姿が色彩豊かである。また、大きな阿弥陀如来坐像石仏が胸の下まで埋められて据えられているのが、先ほど通った渡り廊下を背景にして見える。石仏はまるで地の底からすっくと立ち現われたかのようである。その静かでありながら力ある姿は、思わず手を合わせてしまうほどありがたい。

石造品以外の主役はそこに咲く季節折々の花であろう。茶花として用いるために多くのツバキの品種が植えられ、春は紅枝垂桜《べにしだれざくら》が満開となり見事である。「四君子苑」の庭にたたずむと、この空間に存在しているのは果たして何なのだろうという思いにかられる。美を手元に集めたいという欲や、並外れた数寄心がつくり出したものであるのは事実だが、しかしそれら過剰だったであろうものがすべて自然の木々に包まれた空間に置かれ、時を経て緑一色に染められると、無理なくひとつの庭として存在する。

最後にこの庭をより理解するために、近代数寄者たちのことを少し知っておこうと思う。実は江戸時代までは古美術的な石造品がこれほどまで庭にもち込まれることはなかった。維新による武家社会崩壊後、社会のリーダーは政府高官や実業家たちとなり、文明開化を叫ぶ彼らは、いったんは日本の文化を否定した。しかし西欧と応対する中で逆に日本とは何かを自ら問い直すこととなり、それが日本の美術工芸品収集を始める大きな機会となった。ここで熊倉功夫《くまくらいさお》の『近代数寄者の茶の湯』（一九九七年、河原書店刊）の一文を借りよう。

「ところが日本の美術品は西洋の美術品と決定的にちがう。日本のそれは『道具』であって使い勝手によって価値が生じるのであり、単なる鑑賞用の西洋美術とは性格が異なる。

鴨川の真黒石による軒内石張り（右頁上）
逆光で目地の陰影が美しい。
八角形置き灯籠と四方仏手水鉢（右頁下）
個性の強いふたつのものが隣り合わせに組み合わされている。

たとえば、西洋であれば、名画を一年中部屋に掛けておくことはごく自然なことだが、光琳の燕子花《かきつばた》図屏風を季節はずれの秋に座敷へ置くことはあり得ない。つまり道具なのだから、時、処、位によって、とりかえられることで生きてくるのである。その生かし方の体系が茶の湯であった。明治のコレクターたちは、美術から入って結局、茶の湯に行きつかざるを得なかった。」

旧大名家の由緒ある茶道具を競って手に入れてゆく尋常ならざる近代数寄者たちの収集熱は、茶の湯の場としての数寄屋建築と庭という総合空間をも生んでいく。こうして江戸時代までとは異なる近代の数寄の世界が誕生した。近代数寄者の代表的な人物には益田鈍翁《ますだどんおう》、高橋箒庵《たかはしそうあん》、原三渓《はらさんけい》、野村得庵《のむらとくあん》らがおり、高橋箒庵は庭の材料として奈良、京都の古い社寺から塔、灯籠、伽藍石などを買い集めた。廃仏毀釈の時代でどの寺も荒廃しており、古くからの伝来の品を喜んで手放したようである。「碧雲荘《へきうんそう》庭園」には飛鳥の石造物「酒船石《さかふねいし》」が手水鉢への水の送り口として据えられ、唯一無二の造形となっている。原三渓は各地の著名な建築を収集し「三渓苑《さんけいえん》」を横浜に、益田鈍翁は箱根強羅に農家を移築し自然の岩盤を利用した庭「白雲洞《はくうんどう》」をつくった。こうした流れの終盤に生まれたのが、この「四君子苑」であった。近代数寄者らの庭園は江戸の大名庭園と比べるとさほど大きくはない。しかしそれだからこそ個人の美意識、好みがより自由に色濃く浮き出ている。さて、われわれは現在、これだけの密度ある暮らしの場としての庭園空間と建築、その豊かさを展開できているだろうか。

鴨川との境
木密垣と呼ばれる樹種を数種混植した生け垣が丸く刈り込まれている。

吉田五十八設計の母屋（左頁）
角に柱がなく庭が建物の中に取り込まれるようである。

朝倉彫塑館

彫刻家朝倉文夫《あさくらふみお》（一八八三〜一九六四年）は日本の近代彫塑技法を確立した人物のひとりであり、彫刻界の牽引者であった。一九〇七年（明治四〇年）から建て始めた彼の自邸兼アトリエが東京都台東区に寄贈されて「朝倉彫塑館」として開館している。現在の建物は一九二八年（昭和三年）から約六年がかりで改修し、一九三四年（昭和九年）に完成したものである。

「朝倉彫塑館」は谷中霊園のすぐそばに位置し、日暮里駅から歩いて四、五分の風情あるたたずまいの住宅街にある。この地は明治、大正期に正岡子規《まさおかしき》ら文人墨客たちがその風情を愛し、その情緒ある地をアトリエを建てたばかりの頃の朝倉も、子規の句集を手に散歩して楽しんだようである。「家を建てたあたりは、植木や野菜畑の間に春になると、杏や李の花が咲いたり、五月が来ると桐の花も淡紫に咲いた、十月になると茶が白く侘しい花もつけた」（『美の成果』、一九一七年、國文社刊）と四季の花々を楽しみ、「畑の南が空地になっていて、（中略）近所の子供が沢山集って独楽や、めんこで遊び」、「丁度私の裏門のところに青物市場があって」（前掲書）と、活気あふれる下町の、豊かな暮らしを書き残している。

朝倉が「私の頭の中で成熟し、私の手で方眼紙の上に記録され、工事をする建築技師の手に渡すまでに、この宅地に三十年近く住まった永い経験と、改築したいという空想的な考えでいた時代と、実際建てようと思ってからの考えとを一つの紙の上にまとめるのに一年かかって出来上がった」（前掲書）というアトリエと住宅と庭にはいくつもの価値と美が

玄関
真っ黒なコンクリート造のアトリエが奥に見える。

六方石の門柱
玄武岩の六方石が立てて並べられ、塀として続いていく。

二階から見た中庭（左頁）
まるで水の中から木が生え、石が浮いているようである。

複層して混在している。日本と西洋、伝統と新たなるものと、そしてそれらをどうつなげるか、今も繰り返される普遍的な問いが生きてここにある。新しい西欧の文化が怒濤のごとくなだれ込み、新旧がぶつかり合った明治という時代に青春を過ごした彫刻家朝倉文夫が、その答えを彫刻だけでなく、建物とその庭に表わした作品といえるだろう。

まず、その建物に入る時に目が行くのは玄関脇の六方石を連続して立てたユニークな塀と柱である。墓地の柵などに用いられていたという六方石を何本も林立させた塀は、コールタールで黒く塗られた粗野なコンクリートの肌を見せるアトリエの壁と相まって、見たこともない景色をつくっている。

敷地の南西には表門から入ってすぐのコンクリート打ち放しのアトリエ、北東には数寄屋造りの住まいが控え、この二棟に四方を挟まれて自然の湧水を利用した中庭がある。ここは庭において、彼が最も力を注いで建物より先に完成させ、建築工事が始まった時にはすでに池に鯉が泳いでいたそうである。

この中庭は彫刻家の目で作庭されたため、一般的な作庭手法からは少し逸脱していてユニークでとても味わい深い空間となっている。その代表が約一〇〇平方メートルある中庭の三分の二近くを占める池である。伝統的な日本庭園は浅い池が多いが、それらと異なり深い。水深二メートルはあるそうだ。世界最古の作庭指南書といわれる『作庭記』にも「池ハあさかるべし」とあるように、池を浅くつくらせるのは景観上の目的のほか、水を腐らせないための知恵でもあったのだ。しかしここの池の水は深いのに、いつも底が見えるほど澄んでいる。このような池はなかなか見られない。これは真夏でも決して水の涸れない

茶室から見た庭（右頁上）
「義」の石が右正面にどっしりと座っている。

仁の石（右頁下）
横たわる女体のよう。

豊富な水量の谷中の大井戸を敷地内にもつことができたために可能となったものである。深い池は中庭を静謐感あるものとしている。また、池には飛石が配され、水上を歩くがごとくに伝い渡ることもできるようになっている。

その中庭は彫刻家が自らを戒めるため、儒教でいう「五常」、すなわち「仁・義・礼・智・信」の意を込めてつくったもので、五つの石を据えてそれぞれの意味をあてはめ、中庭を「五典の水庭」と名付けた。ではここでどのような景の演出がなされているのか見ていこう。

アトリエを抜けて中庭に望むとまず、ぬるっとした表情の、際立った大きさの石が置かれていることに気付く。中庭の主景となる角のない大きな石は、真鶴の海底から引き上げたものだそうで、庭造りにおいて普通に選択しがちな、えぐれや皺のある石とは異なる。

もうひとつの大きな石は茶室から見て正面に据えられた「義」の石で、普通、庭石は動きがあるように据えられるが、この石は微動だにせぬ雰囲気を漂わせて正面を向いてどっしりと設置されている。この石には、左肩から右斜め下に向けて対角線にまっすぐ割れたような線が入っている。まるで一刀のもとに両断されたような切れ目であり、これが石に動きと表情を付けている。自然の石から斬新な抽象彫刻のような形態を見定め、それに手を加えることなくどのように配置するかによって、ひとつの造形物が完成する。そうした行ないが庭の妙味であることを改めて知らされる。

「仁」の石は、茶室前の濡れ縁から右斜め前方に、寝室前の水に浮かぶように配置されており、こちらは雨の日などに見ると、そのつややかな曲線から、抽象彫刻の女体が横たわっているようにも見えて艶めかしい。そのほか「礼」と「信」の石は渡り廊下のすぐそ

六方石の護岸
洋風のアトリエから和風の住まいへの切り替え点の妙味ある収まり。

ばに、「智」の石は庭の中ほどに据えられて景色を引き締めている。中庭は二階、三階からも見下ろすことができ、庭と建築の構成がよりよく分かるだけでなく、鳥瞰的に庭園を眺める視線を得られること自体が珍しく面白い。

朝倉は池には色とりどりの鯉や時には鱒を放し、中でもよくなついた鯉にはクロという名前を付けて、口を開けて待っているところに箸やスプーンで餌をやるなどして、来客共どもかわいがっていた。眺めるだけの庭ではなく、中庭に立ち入って身近に楽しむ光景が目に浮かぶ。

敷地の東側には正面玄関とは別に、現在は閉じられているが、数寄屋造りの天王寺口玄関があり、このアプローチにも水が用いられている。アプローチである石敷き苑路の片端は、その下部まで水が流れ込み、まるで苑路全体が浮いたように感じられる。もしこちらの玄関から流れを横目に見ながらアトリエに入り中庭に面したならば、水によって中庭と玄関がつながり、敷地をより広く感じることだろう。

花色は白のものが選ばれ、四季を通じて白い花が咲き継ぐ。ウメ、ウノハナ、シャリンバイ、シャラ、アセビ、サザンカ。しかしここに一本だけ赤のサルスベリが植えられている。お互いに色を強調し合って鮮烈な印象となる。

朝倉のアトリエが私学の彫刻の塾として認可され開校していた当時、授業には毎日一時間、園芸が割り当てられていたという。「小さな一粒の種子が発芽するまでに、適度な温度と湿度を無言の間に要求する。その声が聞かれる感覚が発達するのが第一の目的」（『民族の美』、一九四二年、婦女界社刊）と朝倉は述べ、彫刻のみならず美術を創作する者にとって欠かせない生命の意味と感覚を若い都市生活者に教えようとしたようである。アトリエの屋上につくられた五、六坪の畑がその実習場であった。里芋、茄子、白菜、果ては綿までつくっていた。そしてこれを受けた塾生たちの様子を次のように記している。「自分達で起耕した畑に、自分達で蒔いた野菜を頂いているのを見、それを採っているのを見ていると、枯れた葉一枚も惜しげに捨てているのを見て、いい修養になるとつくづく感じる事がある」（『衣・食・住』、一九四二年、日本電建株式会社出版部）。当時は斬新この上なかったと思われる屋上庭園で、今の時代にも通用するような土とのかかわりを、生徒らにさせていたことに驚嘆する。この屋上にはオリーブの古木が茂り、今でも実をたわわに付けている。彫塑館を見上げるとこのオリーブの頭が少し顔をのぞかせている。

アトリエがあり、塾があり、生活の場があり、菜園があり、そしてそこに庭もあり、朝倉にはすべてがこの場にあったのであろう。残された彼の文章や写真、そして建物のたたずまいからこの空間を大いに楽しんだ日々があったことが伝わってくる。朝倉の宇宙が「五典の中庭」に向かって開かれているようである。この庭に限らず、多くの要素が無理なく混在し、ハーモニーを奏でて「朝倉彫塑館」という全体を生み出している。

彫刻家の研ぎ澄まされた感性が自由に展開され、大胆さと楽しさがあふれたこの生活の場で、庭本来の豊かさを深く感じる。

玄関前庭の花
白の一重のツバキの花が咲く。

植治・七代目小川治兵衛の庭

明治の中期から昭和の初めにかけて、新たに台頭してきた新興勢力を施主とし、伝統を踏まえながらも近代的な庭園の手法を確立した造園家が植治《うえじ》こと七代目小川治兵衛《おがわじへい》（一八六〇～一九三三年）である。彼が世に知られる契機になった最初の大作が「無鄰菴《むりんあん》」であった。

「無鄰菴」は、明治の元勲山県有朋《やまがたありとも》が一八九四～九六年（明治二七～二九年）に京都南禅寺に造営した別荘である。初期の作品であるが作風をよく伝え、現在、植治の庭として最も容易に見学できるものである。東山を背景とした約三一三五平方メートルの敷地は、緩やかな芝生の起伏がつくられ、当時竣工して間もない琵琶湖疏水から引いた水が穏やかに流れる。敷地は東を頂点とする三角形となっているため、遠近感がより強調されている。流れは二筋あるが、東奥の二段の滝からの流れは、それ以降植治の手法としてたびたび登場することになる特徴ある意匠となっている。それは途中で流れが、池とも区別のつかないような薄い水の膜となって、広がるというものであり、そこにモミジが季節の移り変わりを映す。

また、これまでの日本庭園において通常、石は立てられるものだったのに対し、流れぎわの石組みは低く伏せられ、サツキの刈り込みもできるだけ低く抑えられている。極端に抑えられた地形と流れと石組みと、外周の樹木が自由に大きく成育して背景の東山と一体化しているのが対照的だ。ここに山県の望んだ等身大のスケールで自然をもち込むデザインが、植治の手によって広々と明るい景観としてつくり出された。それは明治の新しい時代の気分を映し出したものでもあっただろう。

その後、植治は実業家、塚本与三次《つかもとよさじ》と出会う。塚本は水力発電の開発によって不要となった琵琶湖疏水の水利権を京都市から買ったといわれる人物であり、植治は彼の推し進める南禅寺界隈の別荘地開発にかかわり、別荘群に琵琶湖疏水の水をふんだんに使った新しい庭園の数々を、伝統的手法を大きく越えて展開させていく。庭石は低く伏せ、複数の石を組まずにポイントに一石だけ配置する「捨て石」と呼ばれる手法を多くとった。流れは護岸を主張させることなく薄く穏やかにサラサラと流れ、「沢渡《さわた》り」と呼ばれる飛石で流れの上を渡ることで水がより親しみ深いものとなった。それは、人間が身近に自然に触れ合うことのできる演出のひとつでもあった。植物は一本の樹木の姿形を見せるのではなく、当時の東山に多く生えていたアカマツが、庭の中で群植されることで風景との一体化が図られたり、ドウダンツツジやアセビなどの灌木も群植されて量の演出がなされた。

こうして「平安神宮庭園」、「對龍山荘庭園《たいりゅうさんそう》」、「高台寺土井《どい》庭園」、「織宝苑庭園」などを手がけていき、その活動域は京都だけに留まらず全国に拡大していった。仕事の拡大に伴って植治は、職人のマネージメントや造園材料の流通確保を確かなものにし、果ては不動産業的な仕事を行なうなど、単なる庭の設計施工者という範疇を超えていった。長男の小川保太郎《おがわやすたろう》（通称・白楊《はくよう》）（一八八二〜一九二六年）の庭園に対する感覚の醸成や活躍もこうした流れの中で育まれたものであろう。

植治晩年の大作に「碧雲荘《へきうんそう》庭園」があげられる。少しだけその姿を紹介しておきたい。

無鄰菴書院前の流れの景（左頁）
薄い水の膜が、流れとも池とも区別のつかない広がりを見せる。植治独特の手法。

近代数寄者として名を馳せた野村徳七《のむらとくしち》（得庵《とくあん》）の碧雲荘庭園は、息子白楊が主に現場を担当して、一九二三年（大正十二年）に第一期工事を終えた。一九二八年（昭和三年）十一月の昭和天皇の即位大礼の際、碧雲荘が久邇宮邦彦王《くにのみやくによしおう》殿下の宿舎にあてられたことを機に、大書院、大玄関、能舞台などの建築群が新たに加えられて現在の姿になった。しかしこの直前に、白楊は早過ぎる生涯を閉じており、第二期工事は七〇歳を目前にしていた植治が行なった。

碧雲荘の敷地面積は約七〇〇〇坪。東山の山並みを背景に広大な水面が広がる。長屋門から庭に入ってこの池の前に至ると、東山の麓の広大な静けさの中に、何ものにも一切邪魔されず自分が置かれていることに感動する。敷地は西から東の山に向けて奥が深く、向かって右の護岸には湖面に浮いているかのような茶席「羅月《らげつ》」がアカマツの重なりの中から姿を出しているのが見える。少し遠く左の山中には「永観堂《えいかんどう》」の塔が臨め、まるでそこまでもが庭であるようである。これまでのどの植治の庭にも見られない、また近代に生まれたどの庭にもないスケール感がそこにある。そのことを成し得させているのは、おそらく東山を背景とした水面の広がりの大きさであり、ほどよい山との距離感であろう。

森の中にはいくつかの茶席が配され、そばには石造品の逸品が道行くシーンのポイントをつくっている。土橋を背景に流れの護岸から少し離れた水の中に据えられた「花泛亭《かへんてい》」の手水鉢。「流れ手水鉢」と呼ばれる植治の得意とする手法で、人と水を近付ける演出のひとつである。さほど大きくない円形の水のたまり部分に大きな矢跡が並んで掘り込まれており、材質は大理石であるという。

またこの庭における数々の演出の中でもっとも際立ったものが露地の「降り蹲踞《つくばい》」であ

無鄰菴書院からの遠望（前頁）
背景に東山を臨んで庭は開ける。

ろう。この蹲踞の水は飛鳥時代の酒舟石から大きな曲線を描く飛鳥の石樋へ落ち、最後に石樋の口に付けられた竹樋を通って苔むした手水鉢へと流れる。過剰とも思える巨大な歴史的遺物が組まれた蹲踞を目前にした時の衝撃と驚嘆は忘れられない。そして、今となっては考古学的遺物である飛鳥の石造物の庭園における大胆な使い方のすばらしさは人を圧倒する。こうした石造品の魅力も限りがないが、そのほかのちょっとしたところのデザインにも驚かされる。たとえば池の奥に位置する「迎仙橋《げいせんきょう》」を潜る流れの中には、正円にハンゲショウを群植してつくった中島があり、このデザインは実に斬新でかわいくモダンである。野村得庵の数寄と白楊のモダン、植治の円熟した作庭の技、そして何よりもこの敷地の豊かな広さと周囲の景観が相まって、ここに近代庭園として最高と思えるものが生まれている。

　最後に白楊の庭をひとつ付け加えておこう。京都東山三条にあるウェスティン都ホテル京都には植治が直接作庭を指揮し急斜面を生かした「葵殿《あおいどの》庭園」（一九三三年）のほか、白楊が作庭した「喜寿庵《きじゅあん》庭園」（現・佳水園《かすいえん》庭園）（一九二六年）がある。佳水園（建築は村野藤吾設計）の南に位置するこの庭園は、変化に富んだひとつの巨大な岩盤を利用している。岩盤の上から水が流し落とされ、その水がチャート石の岩肌を伝う様は、自然の地形そのものの変化を庭に見立てて、そこに一手だけ加えて庭として完成させたものであり、夢窓疎石《むそうそせき》の永保寺庭園（208頁参照）を髣髴とさせるもので、ここにも白楊の才能の片鱗を垣間見ることができる。

白楊作庭の佳水園庭園
岩盤を伝って水が落ちる。

飯田十基の雑木の庭

明治も三〇年代に入ると、東京の郊外において都市化が急速に進んだ。この都市化への反動としてなくなりかけていた自然、すなわち里山林のように農業のために人の手を加え利用されてきた林や、今までどこにでもあった何でもない雑木林が、美しいものとして認識されるようになる。文学の世界では国木田独歩《くにきだどっぽ》が『武蔵野』（国民之友刊）を一八九八年（明治三一年）に著し、絵画の世界においては河合玉堂《かわいぎょくどう》、菱田春草《ひしだしゅんそう》らが雑木林の四季を繊細なタッチで描いた。

こうした時代を背景として、雑木を主体にした庭が関東で生まれる。今まで日本庭園に使われてきたような、枝を短く整えて観賞するマツなどとは樹種や形態も異なる武蔵野の雑木林を写した庭である。この境地を開拓したのが飯田十基《いいだじゅうき》（一八九〇〜一九七七年）である。人工的構築物で埋め尽くされ、過密化する都市における現代庭園の先駆けとして、多くの人たちに影響を与え、後に弟子のひとりである小形研三《おがたけんぞう》はその手法を庭園から公園にまで展開した。『職人衆昔話』（一九六七年、文芸春秋刊）の飯田のプロフィールをそのまま紹介すると、下谷の松本幾太郎《まつもといくたろう》に就き渋沢栄一邸、続いて岩本勝五郎に従って「椿山荘《ちんざんそう》」、「小田原古稀庵《こきあん》」などの大庭造園に従事し、「小庭の隠居」鈴木次郎吉に従って小庭も学んだ、とあり、若い時分から師匠について名のある庭園に出入りしていたことが分かる。

千以上もの作庭をしたが、そのほとんどは個人の庭であったことから現存するものが非常に少なく、現在われわれが目にすることができるのは自邸でもあった「旧飯田邸」、シ

不二迎賓館庭園門に向かう敷石（左頁）
直線の動線に整形の石がほんのわずかに孤を描くように置かれ、柔らかな印象を与える。

アトルのワシントン大学植物園内にある六〇〇〇坪の日本庭園など本当にわずかである。日本近代のターニングポイントの時期に庭の新しい潮流をつくった作庭家であり、こんなに多くの仕事をしてきた人であるのに、その作品のほとんどが今は失われてしまっているのがあまりにも残念である。

先述した『職人衆昔話』の中の「庭師十基・秋の夜語り」を読むと、飯田の庭の作法がよく分かる。本の中で飯田は師であった松本幾太郎について「大庭が得意で、しかもゴテゴテと植えすぎるようなことは決してしない。座敷から手近に植えた大物の幹を通して向こうを見るという工夫になっています。するとどうしても庭下駄を突っかけてA地点におりて行ってみたくなる。Aに立ってみるとBの所へ行ってみたくなり、Bに立つとCへしぜんと足が動く、というふうな作り方をする人でした」と回顧する。実はここに、住宅の庭の遠近法とシーンの展開が的確に分かりやすく語られており、飯田の庭にもその手法が大いに生かされている。中学を中退して入った庭の世界で、松本は見習いの飯田に「仕事をするな、そばについて仕事を見ていろ、良い庭師になろうと思ったら自分で手をおろしちゃ駄目だ。そんなのは職人芸だ」と指導したようだ。飯田は作庭過程をたくさん見ることによって仕事の手順、呼吸、勘所がジワーッと分かりかけてきたと語っている。「できて何年かたつとこの木がこう育つ、この木の芽の色はこう、あの木の芽の色はああ、と芽吹きの色まで頭に置いて作るのがほんとの庭ってもんです。(中略)木だって、その性質をよく知らないと、たのしむどころか、大木になって家を害する場合だってありますよ」、または「あらゆる木や草などの生物を生かし、石や空間などの命のないものからも命を生

不二迎賓館庭園(左頁)
林の中の石畳。(右上)
苑路の石の組み合わせ。(右下)
流れ。添えられた細い雑木の姿は踊っているようである。(左上)
雑木の中の灯籠と蹲踞。(左下)

かして、それをまとめて、お互いの命をさらに盛んにして、何十年でも何百年でも、生き続けてゆける場所を作ってやるのが庭作りだ、と私は思っています。」（前掲書）このようなつくり手の思いが言葉として残されているのはとても貴重である。またこの本の一節は植物だけでなく飛石や景石なども含めて、庭の本質が生き物であることを改めて思い起こさせてくれる。自邸の庭は「好きな雑木を少しと灯籠、石なんぞをごく自然にあしらっただけ」でつくり込んでいない「いわば紺屋の白袴」だと本人は笑うが、作為を感じさせないところに彼の庭造りの真髄があるように思える。

では実際、飯田はどのような樹木を使っていたのだろうか。露地に適した落葉樹として彼が紹介しているのはコナラ、ソロ、ネムノキ、ハゼ、ブナノキ、アサダ、ヤシャブシ、ゴンズイ、シデ類、モミジ類。ここに常緑樹を混ぜる場合、書院式にはモッコク、シラカシ、モチを、草庵式にはスギ、ヒノキ、カヤ、サワラ、モミなどの針葉樹を使うと露地を広く感じさせるとしている。郊外ではぜひアカマツを使いたいと付け加えている。ここにあがった樹木からは飯田の好みがよく感じ取れ、また関東の雑木の庭がどのような樹木によって成り立っているのかが分かる。彼によって植栽された木々はまるで一本一本が舞い踊るようなリズムと動きをもっており、それらが群となって美しい。

飯田の作庭した大庭のひとつ、世田谷区の「不二迎賓館《ふじげいひんかん》庭園」は一九六二年（昭和三七年）から三年がかりでつくられた約九九〇〇平方メートルもある広大な池泉回遊式庭園であった。この庭も今はすでにないが、私は壊される寸前に見ることができたので、ぜひここに取り上げたい。

富士邸の庭（前頁）
コナラの雑木林の中を網笠門の玄関に至る。

敷地の北東側に正門が設けられてすぐ新館があり、庭は新館の南西へ向けて矩形に奥深く展開する。三つの茶席を雑木林の中に配しながら変化にとんだ景の演出を行なっている。新館から見ると芝生地の向こうにアカマツの幹を透かせて旧館が雁行して見える。池には安山岩系《あんざんがんけい》の巨大な切り石による橋が架かり、背景には奥深い自然の生育に任せたスギ林が控え、広大で大胆な空間構成となっている。そのスギ林のさらに南西奥には低い築地塀《ついじべい》に囲われた茶室「暁雲《ぎょううん》」の露地がある。飯田の雑木の庭の特徴をよく表わしていたと思われるこの露地は、雑木林の木立ちの向こう築地塀の前に竹林があり、その間に渓流が流れていた。流れは築地塀を潜って北東の池に注ぎ込み、露地と庭園全体をつないでいた。

庭園には飯田が収集した石造品やほほえましい容姿の彫像、崩れかけた灯籠が要所、要所にさりげなく置かれ、飛石と苑路もともすれば無造作に感じるような配石になっており、肩肘を張った作庭の意図を感じさせない。しかし個々の石が見事に呼応してやさしいリズムをもち、薄墨で描かれた水墨画の味わいがあった。まさに春草や玉堂の描く初春の日差しの中の、雑木林の世界。それは京都の深い陰影と湿った空気の中につくられ続けてきた、重厚な質感の飛石や景石で構成される庭にはなかった世界である。

最後に、京都で雑木の庭を傑出した庭園へと発展させた小島佐一《こじまさいち》（一九〇八～七八年）について付け加え紹介しておきたい。飯田の言う関東の「さらっとした」作為を見せない雑木の庭と比べて、小島の庭は粗野な力強いチャート石の石組みと組み合わされ、雑木も時には極端なまでに傾けて植栽され、深山幽谷の景観が演出された。苑路や塀の腰張りにもチャート石を多く使っているのも特徴のひとつである。

小島佐一の庭
山奥へ分け入ったような荒々しい雑木の庭。

重森三玲の庭

重森三玲《しげもりみれい》（一八九六〜一九七五年）は一九三三年（昭和八年）に勅使河原蒼風《てしがわらそうふう》らと共に「新興いけばな宣言」を起草した人物としても知られ、花道、茶道などその活動の場は庭だけに留まらなかった。彼は社寺を中心に石組みと砂の地模様を骨格とした二〇〇もの作庭を行ない、同時に私財を投じて全国約五〇〇余りの庭の実測調査を行なって『日本庭園史大系』（全三五巻、一九七六年、社会思想社刊）をまとめ上げた、いわば巨人である。京都市左京区にある吉田神社の社家であった「鈴鹿《すずか》邸」を一九四三年（昭和十八年）に譲り受けて自邸とし、華道家の中川幸夫《なかがわゆきお》、彫刻家のイサム・ノグチなど多彩な人々がそこに出入りした。現在その旧宅書院庭園部は「重森三玲庭園美術館」として彼の軌跡を紹介する品々と共に一般公開されている。元の敷地は約四〇〇坪あり、庭は一九五三年（昭和二八年）に第一期が終わり、一九七〇年（昭和四五年）に完成された。「無字庵《むじあん》」と呼ばれる茶席と露地、書院式の茶亭である「好刻庵《こうこくあん》」、そして書院前の中央に鶴島を表現した枯山水の庭がつくられている。この中央主石の後には樹齢二〇〇年ほどの枝垂れマツがあったが重森の死後枯死し、今はない。

庭の代表作には「東福寺方丈庭園」（一九三九年）、「岸和田城庭園」（一九五三年）、「瑞峯《ずいほう》院《いん》庭園」（一九六一年）、「竜吟庵《りゅうぎんあん》庭園」（一九六四年）、「松尾大社庭園」（一九七五年）などがあるが、中でも「東福寺方丈南庭」は私が一番好きな重森の作品である。この庭は重森のプロとしてのデビュー作であると共に、『日本庭園史図鑑』（全二六冊、一九三九年、有光社刊）発刊直後の作品であり、日本の庭を通観した後の意欲作である。枯山水の庭で白砂の中に蓬莱三島を見立てた巨石岩組みが配されている。東西の庭の軸線に沿いながらそれぞれ少し変化をもって横たわる細長い五メートルを超える三本の巨石に、まるで魚のひれのような石が寄り添っている。その迫力はすごい。これほどまでに全体が巨石の組み合わせによって構成された日本の庭は、歴史的に見ても大変珍しいのではないだろうか。この庭をつくるにあたっての意図や巨石のことが、重森の日記に残されている。「東部に五山に因む築山五ケ山を築き斜線として出し、西部に蓬莱四仙島を組む枯山水様式なり。先ず重点は鎌倉時代東福寺創立時代の手法を用い、更に今日までの日本庭園になき様式手法としての独創性と、あくまで禅院庭園となさんとする設計図なり。石組は一木一草を用いずして、長石三間二間半一間半位のもの三本を用い、これに石組を行い、線を強調するものとしたき意図なり」、「丹波大井村の村の南の山に東福寺庭石を調査に行く。一八尺の長石幸いに三個探し当たる。喜び頂上なり」(『重森三玲　モダン枯山水』、二〇〇七年、小学館刊)。また、東福寺「市松の庭」は、勅使門で使われていた方形の敷石と苔による市松の地模様がデザインされ、まったくモダンな抽象的表現の庭となっている。

その後重森は、膨大な数の作庭を重ねるが、歴史的庭園調査の中から知り得た庭園の背景の意味を現代的に具現化させせようとしたため、時には地模様や竹垣に過剰なまでの意匠が凝らされ、私にとっては饒舌過ぎると感じることもある。遺作である「松尾大社庭園」では石を降神の装置として厳しく屹立させて組んだ。古代、山中に巨石が集合した場所は「磐座《いわくら》」(109頁参照)、「磐境《いわさか》」と呼ばれて、神が降りてくる場所として祭られていた。重森は現代に庭の原初の姿、自然を通じて神の声を聞くための場を再現しようとしたのである。

東福寺方丈南庭(次頁)
五メートルを超える長い石を中心とし、列を成して石が配置されることで、力がより強調されている。

吉兆高麗橋店の中庭

大阪高麗橋にある料亭「吉兆《きっちょう》」の約九坪の中庭には凝縮された美しさがある。現在の建物は古美術商、児島嘉介《こじまかすけ》の屋敷として一九三七年（昭和十二年）に建築されたものを、戦後吉兆の創業者、湯木貞一《ゆきていいち》が数寄屋建築の名工、平田雅哉《ひらたまさや》に改修させたもので、既存の庭も露地風につくり替えた。作庭は「四君子苑」でも紹介した佐野越守の弟、佐野旦斎である。

大阪の市街地にあり、光もあまり差し込まない中庭であるため、数か月に一度の頻度で庭の苔はすべて張り替えられ、緑が維持されている。実は私は二〇歳過ぎの頃、職人の下っ端として、幾度も苔の張り替えについて行くことができ、この庭のすばらしさを堪能した。

一般的に庭で使われる苔は「杉苔《すぎごけ》」と呼ばれる苔で、光が十分当たる場所に生育する毛足の長いものである。日陰で生育可能な苔は、商品として流通していない毛足の短いビロードのような「地苔《じごけ》」と呼ばれるものである。作業の前日、樹木を商品として生育管理をしている植木屋の畑で、木の足元に生育した地苔を、職人たちが「地鏝《じごて》」と呼ばれる道具を使って丁寧にはがし、新聞紙を敷いたトロ箱（魚を入れる木の箱）に何層にも敷き並べ、材料として準備する。苔をはがした部分は、乱れた土を手彗《てぼうき》と地鏝で周りとなじませ、できるだけ人の手が入った跡を消す。畑という場所であっても、その土地への思いやりあるこうした作業を通して、職人たちは体が自然と美しい景色を整えられるように、日々訓練されていた。作業は料亭の営業前の限られた時間内で行なわれ、今植えられたばかりであることをつゆほども感じさせないような緻密な手技が必要とされた。一粒の砂粒さえ舐めるよう

東福寺の市松の庭（右頁上）
遠くなると文様がぼかされるように石が配されている。

旧重森邸（右頁下）
書院前の枯山水。

寄せ灯籠と飛石の風情

に整えてゆく作業が京都の庭の世界にはあった。そうして仕上がった薄暗い光の中で輝く苔の緑は、えもいわれぬ美しさであった。

ある苔の張り替えの日、吉兆主人の職人に対する思いが伝わる感動の極め付けのような出来事があったことを懐かしく思い出す。作業を終えた四、五人の職人に抹茶が振る舞われたのである。作業後の泥まみれの手で物怖じしていると、当時の吉兆の主人が「そのままでかましまへん、かましまへん。ごくろうさんやなー、一服やってください。これが井戸茶碗です、その次のは……」と名器で茶を振る舞ってくれた。職人たちは飛石に一列に突っ立ったまま手わたしで茶碗を送り、茶をいただいた。

この苔の中庭は、以前はザクロ一本の庭であった。ザクロ独特の窪みのある荒い木肌の幹をうねらせ、老体の竜が天に向かって体をよじるかのように、わずかの光を求め木は高く立ち上がっていた。下から見上げると、逆光で緑の葉すら見えない。この一本のザクロの木を中心に、中庭は草庵茶室「容膝軒《ようしっけん》」の露地としてまとめられていた。編笠門、小柴垣、寄せ灯籠、そして飛石。伽藍石の手水は建物の下に半分奥まって収められ、清水が静かに湧き出してこの狭い空間により深みを与えていた。こうした建物の奥深くにしまい込まれたように存在し、限られた人たちだけのために息づいている庭には、特異な質感と味わいがある。小さいながらも絶品のひとつと思われる庭である。そうして何度か通ったある日、われわれはこの庭に背丈にも満たないモミジを植える作業をした。あれから三〇年以上たった今、ザクロに代わってあのモミジが庭の主になっているのだろうか。当時、作業をしながら私は「ちがう」と心の中でつぶやいたことを今でも覚えている。

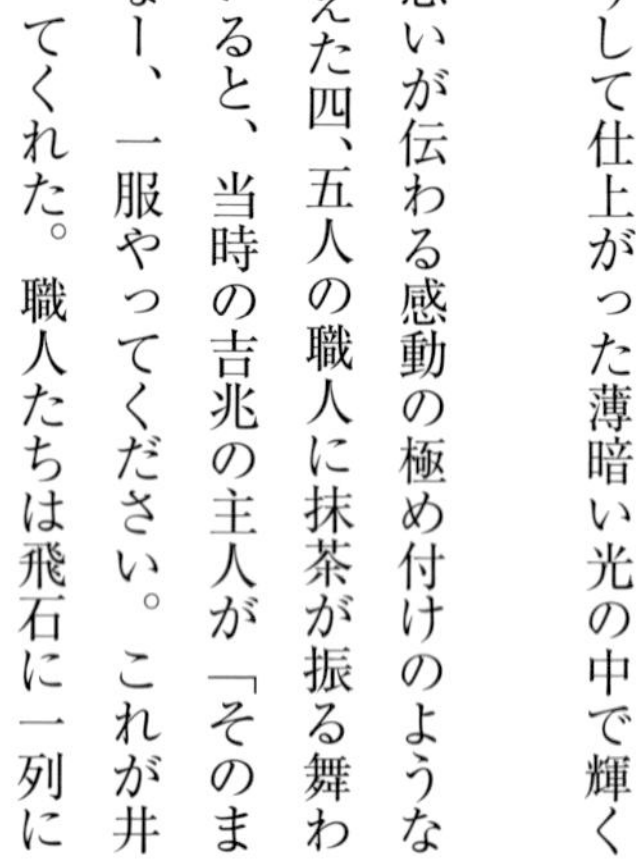
蹲踞と塵穴《ちりあな》

網笠門と一本のザクロの木（左頁）
63～65頁の写真は、一九七五年当時のもの。

武相荘の庭

東京の町田市能ケ谷町に、築二〇〇年程を経た茅葺の農家を改築した白洲次郎《しらすじろう》、正子《まさこ》の旧邸宅がある。今は新興住宅地がすぐそばまで迫ってしまったが、一九四〇年（昭和十五年）、戦争下で疎開のために白洲夫妻がこの地を手に入れた頃は、東京の近郊でありながら大変な田舎だったろうと想像できる。万葉の昔には東歌に詠まれ、佐藤春夫《さとうはるお》の『田園の憂鬱』（一九一九年、新潮文庫刊）にも登場した。すぐ近くの佐藤春夫の生家があったところはカキの木の多い場所であったため、柿生《かきお》という地名が今も残る。うねうねと幾重にも山並みの連なる風景を前にして昔ながらの村落が散在した、そんな土地の一角を白洲夫妻は求めたのである。

一九五〇年（昭和二五年）の婦人画報に掲載された正子の「わが家の風景」という一文の中でこの地に住む思いが紹介されており興味深い。「この家は、都会から見たら淋しい山奥の一軒家なのです。その上『田園の憂鬱』を気取るわけではありませんが、十年近くも住んでみれば私は私なりに人波に倦怠を味わうこともあります。田園生活にあこがれるのはあまりにも田舎を知りすぎてしまいました。（中略）田園趣味は、今では私の気持ちからは程遠いものです。それにもかかわらずこの地が離れがたいのは（中略）、単に好き嫌いの問題ではなく、何かこういうものを必要とするからです。こういうものとは静寂であり、遮断であり、孤独であります。大都会の刺激に堪えないのではなく、刺激に麻痺するのを恐れるのです。」

正子はここ「武相荘《ぶあいそう》」を拠点として全国各地に出かけ、日本の文化を能、西行、骨董、かくれ里などを通じて思索し、随筆家としてその思いを綴った。ここにあるのは趣味的な田舎暮らしではなく、彼女の思索の跡である。自分たちの美のものさしにより組み立て直された現代の生活の場としての空間であり、選りすぐって収集された器や骨董が生きて使われた暮らしの場であり、庭であった。日本的な生活文化とは何か、という問いに対するひとつの理想郷とも思える空間がここにある。

門を潜ると右手にカキの古木が身をよじるように立ち、奥に茅葺の骨太な母屋の妻側の白壁が目に入る。今は一般公開しているため、多くの見学者に耐えうるよう苑路も建築の周りもかなりきれいに整えられている。武蔵野のコナラを中心とする雑木林が敷地の背後にあり、一角には竹林が茂る。母屋の前にはカシの古木が枝を広げ、その向こうに白のワビスケが花を付けている。竹林の前には鎌倉期の石仏が、美しい蓮弁文様の彫られた灯籠の下台に何気なく置かれている。母屋の縁先を通り過ごし建物の背後にまわり込むと、雑木林が覆いかぶさるようにある。どこまでが自然でどこまでが意図してつくられたものかは判別できない。

白洲夫妻が住み始めた時にあったであろう、土の広がりだけの何もない農家の作業「ニワ」。その空間は住まい続ける中で、そのかたちにこそ根本的な変化は加えられなかったであろうが、彼女らによって選択された瞬間、農家の作業「ニワ」から別の意味をもつ空間へと変容したのである。失われていく日本人の暮らしや生活の場、そして慈しむべき文化として思索された痕跡が庭と建物には残っている。

屋敷裏のコナラの雑木林

門周りの景色（次頁上）
カキの木が門の後ろに身をよじるように立つ。

茅葺屋根の母屋前（次頁下）
生前は敷石のない土の「ニワ」だった。

母屋（69頁）
門を潜ると母屋がカキの枝越しに現われる。

深谷光軌の外空間　京王プラザホテル四号街路空間

深谷光軌《ふかやこうき》（一九二六〜九七年）が「外空間」として都市のただ中で展開した石と緑の空間は、日本の庭で受け継がれてきた自然を扱う手法を、現代の都市におけるかたちへ展開させた数少ない例のひとつである。

私は深谷が亡くなる四、五年前に会う機会を得た。白髪の大男であった。彼の代表作のひとつである「日野自動車本社工場の庭」（一九七二年）の改修現場を前にして、彼は私に「遺跡に見えるだろう」と言った。この作品は写真家村井修《むらいおさむ》によって撮影された深谷光軌の作品集『外空間』（一九七五年、誠文堂新光社刊）に見事に写し撮られている。私は職人であった二〇歳過ぎの頃にこの一冊を手にし、それから現在に至るまで、幾度この写真集の庭の構成やディテールを舐めるように見つめたことであろうか。特にこの「日野自動車本社工場の庭」の凝集した場の造形と、広大なスケールの空間へ石材を線として切り込むことで造形を成立させているうまさに、今も越えられない自らを思う。

彼が口にした言葉で忘れられないのは、「私は造園家ではない。一緒にして欲しくはない。私は絶対に造園の人間を使ってはつくらない。普段、庭をつくっている人たちに作業を依頼すると、いわゆる庭になってしまう。たとえば木を植える場合は、林業に携わっている人に植えてもらう」というものだ。

また、次のような言葉から彼がデザインした「京王プラザホテル四号街路空間」（一九七一年）が深谷にとってどんなものだったかが分かる。「こんどコナラの雑木で構成されている京王プラザの木を全部伐る。その地で萌芽更新させることによって初めて本当の雑木林になるんだ」。彼は里山における人と雑木の関係と同じことを都心の造園で試みようとしていたのである。

私がそれまでにつくってきた作品の写真を深谷に見せると、何点かを手厳しく罵倒するように批判し、庭なんぞつくる資格はないと言われた。後で気付いたのであるが、彼に批判されたものは、私の作品の中でも特に良く出来たと思うものであり、批判されたのはその中でうまく収められていない部分であった。あれは彼流の評価であったのだろうか。気に入ってもらえたのか、その後たびたび電話があり、現場を見に来いと性急な誘いがあった。「三番町KSビル外空間」（一九九一年）の工事中も幾度か電話があった。そしてこう語っていた。「もう職人といえる人間がいない。現場で指示して石の表情をつくり上げてゆくなんてことは出来ない。すべて図面で指示してゆくしかない」。なぜかいつも電話の向こうからは寂しさが伝わってきたが、私も時間が取れず、存命中に再びお会いすることは叶わなかった。

日本の中世、作庭は石立僧《いしだてそう》（１９０頁参照）と呼ばれる僧侶が担っていたが、深谷も東京上野東叡山寛永寺の子院等覚院の生まれである。僧籍を棄て本格的に作庭活動を始めるのは四〇歳からであった。彼が作庭にかかわった期間はとても短く、嵐のごとく時代を駆け抜けた人であった。激し過ぎる人柄ゆえにトラブルも多かったと聞くが、ギリシャのイドラ島で見た廃虚の石塊と、そこに咲く可憐な草花に深く感銘し、その思いを現代の硬質で乾いた都市空間に力強い造景として表わそうとしていた。彼は、「自然な自然さと同時に

雑木林と石敷きのテラス（次頁）
テラスには矩形の石が組まれている。

コナラの枝越しに見るホテルのレストラン（73頁上）
都市的なものと自然の林との出合いが美しい。

石積みの壁（73頁下）
雑木林の中に石積みの壁が直線的に切り込まれ、高低差を処理。

意図された逞しい自然が組み合わさったもの」（前掲載）をつくろうとしたと語っている。建築周りの空間は普通、「外構」と呼ばれるが、深谷はこれを「外空間」と呼び、そこで都市に対して何ができるかを模索していた。後に「媒体空間」という言葉に置き換えている。それは単体の建築物あるいは人間と都市の関係への思いの表われであったろう。

代表作として、「日野自動車本社工場の庭」、「小西酒造東京支店庭園」（一九七四年）、「NTT広島仁保ビル外空間」（一九八一年）、「三番町KSビル外空間」、「工学院大学八王子校舎五号館外空間」などがあるが、中でも「京王プラザホテル四号街路空間」は、今でも都会に生きてある。

京王プラザホテルの周りの雑木林は、落葉広葉樹のコナラの株立ちの木を中心とした林である。新宿の高層ビル群の間に、突如そよとした気配が差し込まれ空気が和らぐ。あるインタビューで深谷は、「雑木林という、自然を見ていると、雑木林って普遍的でしょ。そして長い、長い人間と自然のかかわり合いの中に在った。だから使うのです。ヒューマン・スペースの中に不可欠と考えるから。灌木は風によくそよぐものだけ使う。なぜかって、風が見えその表情がとてもやさしいからね。雑木とこれらの灌木は、風が吹き通ると、互いに話し合うじゃないですか。葉と枝をこすり合わせて、詩が生まれるような雰囲気を醸すものって、いたわりに通じるでしょう」（『探訪日本の庭・別冊二・現代の名庭』、一九七九年、小学館刊）と語っている。

この「京王プラザホテル四号街路空間」には、それを取り巻く都市構造物の立体化に合わせ、外周道路の歩道の高さのフロアと上段のフロアのふたつの空間が設けられている。

歩道から街路空間とティーラウンジを臨む
林の中に建つ建物のようだ。

上段のフロアから階段を上がると、道路を挟んで斜向かいにそびえる三井ビルの公開空地と歩道橋で行き来することができる。高さの違うふたつのフロアは建築の向きと平行する大きくシンプルな矩形の水平な面としてのテラスと、高低差を処理する土止めの厚い垂直の壁面で三次元に構成され組み立てられている。そしてふたつの面をつなぐ階段も重要な造形物となっている。そしてそれらに魅力的な材料が選定され、遺跡で見られるような力強い質感をもつ加工が施されている。

彼の石の表情の出し方は独特であり、「京王プラザホテル四号街路空間」にもそれが顕著に見て取れる。歩道と上段のテラスをつなぐ斜面は、直方体に割られて黒く粗い肌を見せる安山岩の組み合わせで大きな面が覆われており、まるで巨大な岩盤であるかのような気配を生み出している。上段テラスの一部の平面は、のこぎりで切りそろえられた平滑な面をもつ方形の石が同じ長手方向に敷き詰められ、単にテラスというよりも面そのものが力強い造形物となっている。

展望室入り口の滝のある広場の壁も同じ黒い横長手の安山岩の切り石で積み上げられ、壁の数か所から水が流れ出ている。西欧の壁泉と日本庭園の渓流とがうまく合わさったような不思議なデザイン。滝正面の矩形に入り組んだ池には、この空間を支配するかのような表面を荒らした太い直方体の石が水面に身を乗り出すように力強く据えられている。この京王プラザホテルには屋上庭園もあり、深谷がその後展開させていく要素すべてがここにあるように思われる。

深谷は雑誌『庭15号』(一九七四年、建築資料研究社刊)で、キャンバスを切り裂いた画家フォンタナやアメリカの画家ピエル・スーラージュをあげながら、彼の造形空間で多用される直線や面についてこう語っている。「無限の運動性を持つ直線は面に於いて、唯一本丈けでも空間論的なまとまりがあれば、立派な画になり得る。更に二本、三本と直線を置いていった場合、直線との間にコントラストがとれ、ハーモニーさえあれば、面は緊張と間を作り、更に拍子にまで発展する。この場合全体的に面が、直線そのものより優位にある訳である。」

展望室入り口の滝の壁面については「立体の面に対し、四次元空間への配慮に、より細心に展開した。時間の経過と共に刻々と変わる晴れた日の陽光による陰影の動き、曇りの日の明暗の動き、夏の日の動きなど、それらはかなりの幅広い演出効果を生む。(中略)時間の経過と共に刻々と表情を変える風景が計画どおりに完成した。」と自賛している。

また彼は自分の造形を説明するために、切石のシステム化を行なった。短い施工期間に対応するために、大きさを定めた石を組み合わせることによって、工期を短縮し、同時に全体の構成もシンプルで洗練されたものにすることができる。「京王プラザホテル四号街路空間」の工事期間は二か月半、「小西酒造東京支店庭園」にいたっては九日間という短い期間だったそうである。さらに省力化のために素材重量を半減することを考え、従来の石のブリックを長手方向に半裁し、素材の可能性と構成の限界にも迫った。定型化したものの組み合わせで全体の空間を表現するシステムを生み出したのである。現代の都市がつくられる時間と工法に適合した制作方法を編み出したことが、深谷の造形をより生きた都市空間として成立させている。システム化する部分と手作業の部分をはっきりと分け、互

大きな岩盤のように表現された斜面(左頁上)
公共の歩道に接するところは、石の荒々しい肌合いが面の構成として柔らかな緑の間に見え隠れする。

屋上庭園(左頁下)
低い刈り込みのテラスから水が流れ落ちる。

いを巧みに組み合わせたことによって生み出された造形。都市という暴力的なスケールに対し、大きな構造を面の造形として主張しながら、そこに人間の手技によって生み出される質感や表情が加わっているすばらしさ。こうした大きな構成がなされた上で、コナラの株立ちに代表される里山の木々が群として植栽され、新緑、紅葉、冬枯れの枝と移り変わる風情が加わって、人間を含む都市の生き物のための空間が新しい手法の下、生み出されたのである。

その後の「小西酒造東京支店庭園」によって、彼の作品はひとつの極まりを見せる。狭い空間でありながら、定型化された石の凝縮は都市に負けない力をもった。石同士がひしめき軋りあう平面が、端部において積層していることを造形として見せることにより、その力強さを増幅させている。

深谷は日本庭園の骨格を担った自然石を、整形の棒状の石に置き換えた。石を組むことや空間に配石する事が、棒状の石を集合させることによってつくり出される面に置き換わり、陰影をもった面が都市のスケールに対応するように三次元に構成される。面は巧みで、美しいディテールで織り成されている。ポイントで使われる石と石が噛み込む意匠は、力の作用をよく理解したところから生み出されるかたちのすばらしさを見せてくれる。

深谷によって成し遂げられた表現は、現代の都市空間への、日本庭園の展開である。多くの造園家たちが、彼のデザインを下敷きに旧来の日本庭園から抜け出すためのデザインを展開してきた。そして多くの造園空間が都市の中で試みられ、生み出されてきたが彼の作品を超えるものに私はまだ出合えていない。

小西酒造東京支店庭園(前頁)
深谷光軌の今はない幻の名作。長い矩形の石の集積が何を語ろうとしていたのか。

何必館・京都現代美術館

四条川原町から東に祇園へ至る少し手前に、静かなたたずまいの「何必館《かひつかん》・京都現代美術館」がある。エレベータで五階に上がって扉が開くと、鮮やかな緑が目に飛び込んでくる。四方が囲われた建築の内部空間なのに、天井が切り取られ、ぽっかりとまあるく空が覗き、外光が降り注いでいる。そこは庭となっていて、その奥には炉の切られた座敷がある。この室内の庭園は新鮮な驚きに満ちた不思議な空間である。

外部の空気と光がつながることにより生まれたこの庭に、一株のモミジとふたつの石。石は「さじ石」と呼ばれる鳥取産の石で、緊張感ある平らな面と、長く風雪に耐えた襞の多い表情をもつ。びっしりと背の低い苔が生えた足元にはわずかな起伏が付けられている。誇張ではなく、まさに都市のただ中で深山幽谷にふとまぎれ込んだかのように感じる。

茶室への床は信楽や備前焼きの棚板の、窯で長く使い続けられた味のある古材が方形の乱張りに敷き詰められている。天井の空を切り取る円は実は楕円になっており、エレベータを降りた角度からは正円に見えるようにデザインされているそうだ。

細長いうなぎの寝床のような京の町屋に、光と風を採り入れるために生み出されたのが坪庭の空間。何必館の庭のすばらしさは、町屋の平面に奥深い自然の迎え方を、現代のビル空間に縦の構造として組み込み坪庭としたことであり、そしてそこに造形的主張をせず無作為に応えたことにあるのではないだろうか。

「光の庭」（左頁）
エレベータを降りると丸い空とモミジの緑が目に飛び込んでくる。梶川芳友（かじかわよしとも）作庭。

京都、森に隠れた廃墟の庭

京都北部の山中に隠れて廃墟のように広がる庭がある。非公開の庭であるが数年前、三〇年ぶりに再び見る機会を得た。背景に山を背負った敷地には建物もなく、庭だけがつくり続けられた場所。いったい誰が何のために。どういった経緯でこのようなものが森の中に埋もれているのだろうか。そこには、現代において日本の庭がランドスケープとして展開し得た数少ない空間のひとつがあった。

山裾を止めた何百メートルにもおよぶ丹波石の野面石積みがこの空間の骨格である。石積みで山を止めることによって、おそらく建物が建つ予定であった平坦地が何か所か確保され、何もない場だけが出現している。大きく伸びやかに育った木々のスケールにこの空白の場が呼応し、実に豊かな空間になっている。苔の緑の面の広がりに光が降り、時折通る風に揺れる枝が影を落とす。目を凝らすと、森の中にはさまざまな造形が隠されているのを発見する。たとえば長く連続する石積みの幾か所かが洞窟になっており、中の壁から石樋で水が落ちる。山止めの石積みの水抜きを兼ねているのかもしれない。

私はこの庭に初めて出合った時の衝撃を未だ忘れることができない。大学を出て京都の老舗の庭師見習いであった頃、職人頭に連れられ、川原の草むらをかき分け、川を渡り敷地へとたどり着いた。そこには丹波石積みで囲まれた矩形の広場の中央に、一本のコブシの木が真っ白な花を付けていた。古い庭の世界で喘いでいた私にとって、そこはモダンでありながらも重厚な、まさに夢のような世界であった。大雨ですぐに崩れる石積みを、腕の良い職人がしっかり積んで収めたことを聞き、その職人技に感服しながら、一方ではあまり美しい文様の積みではないと、若さゆえの批判的な思いを噛み殺し、しかしその空間に圧倒され、その後も何度も庭を見に忍び込んだ。

山のスケールに対応した石積みが空間の骨格であることが、この場所のすばらしさであるのだが、その中を歩くための床面も整えられている。苑路、そして階段。最低限必要な構造物が、主張し過ぎないようなかたちに収められ、この空間をさらに豊かにしている。そんな中に極め付けの芸を凝らしたものがある。そのひとつは石橋の収めのディテールで、まさに「一個の彫刻」と思わせるクオリティで仕上げられている。日本庭園では、橋の四隅に自然石を組む「橋添え石」、「橋挟石」などと呼ばれる手法がある。ここでは、水に落ちないように脇のせりあがった橋の石のディテールの美しさもさることながら、この整形の加工石と自然形状の石とが出合う収め方がすばらしい。異なるもの同士がお互いを尊重しながら、美しく存在する造形が成されている。もうひとつは川に面したところに建つ、丹波石で組まれた高さ三メートルをゆうに超える造形物である。明らかに門だと思われるが、そこには扉もなく、この門に至るための川を渡る橋も道もない。鉄の楔《くさび》によって留め付けられ、組まれた石もまた、周りの緑を背景に秀逸な巨大彫刻としてそびえている。

敷地には何万本とも知れないモミジが植栽され、春の若葉、秋の紅葉に包まれる時、その美しさは頂点となるであろう。これからも庭はいつ建つか分からない主を待ちながら、ますます美しさを増していくのであろうか。

杉木立の脇を奥へのびる苑路

山を止める（次頁）
山際に延々と続く石積みに何か所か口が大きく開き、洞窟になっている。

門（上）
鉄の楔が石をつなぐ。古代の遺跡のような造形物である。

階段を上る（左頁上）
その先に何が待ち受けているのだろうか。

石積みとモミジの木立ち（左頁下）

石橋（88頁上）
床の広がりの中のアクセントの造形。

石橋のディテール（88頁下）
自然石と加工石が、お互いを尊重した見事な出合いの収めになっている。

橋の大きな一枚石（89頁上）
左右の石の高さをわずかに上げている。

広場のポイントに大きな矩形の石（89頁下）
静かに空間を引き締める。83〜87頁の写真は、二〇〇一年当時のもの。

イサム・ノグチ

香川県高松市牟礼《むれ》町牟礼。良質な花崗岩である庵治《あじ》石の産地であり、石工たちの町でもある。そこにイサム・ノグチ（一九〇四〜八八年）の晩年二〇年間の日本における拠点がある。丸亀藩旧入江住宅を移築した「イサム家」と呼ばれる住まいと、サークル状の石壁に囲まれた屋外制作の場「マル」、酒蔵を移築したアトリエからなり、現在は「イサム・ノグチ庭園美術館」として公開されている。オープンして間もない頃、私はここに大学の学生を連れて訪れたが、この空間に入ったとたん、とめどもなく涙が流れ出した。あまりの恥ずかしさに幾度もこらえ直しハンカチでぬぐったが、「エナジー・ヴォイド」の前でまたこらえることができなくなった。自分でも何が何だか分からなかった。イサム・ノグチのことを考えるようになったのはこれがきっかけである。

ここには彼のすべての段階の試みと問いが見え隠れする。それはどこにも帰属しない彫刻家が日本をかみ砕き、暮らしの場から地域環境までを自らの作品としようとした思いと造形の総体である。「イサム家」の裏には大地が腹を出したような丸味ある巨大な土手が築かれ、上部には彼の遺骨の一部を納めた大きな玉石が、海を眺める位置に据えられている。この裏山には、地球を彫刻するという壮大な思いがやさしく周辺の環境に溶け込んでいる。

彼が晩年、あるテレビ番組でインタビューに答えていた内容が忘れられない。「若い頃はすべてを自分の意志で削り出そうとしていた。幾度も日本へ通ううちに、それぞれの素材がすでにひとつの表情や言葉をもっていることに気付かされた。元あるモノと、どのように話すかがつくるということである」といった内容を語っていた。その言葉の答えが晩年の作品、中でも石そのものが独得の表情をもつ玄武岩《げんぶがん》を用いたものによく表われている。元あるかたちがそのまま生かされながらほんの一部、石に語りかけるように切り込んだり叩いたり磨いたりすることで、全体がまったく異なる造形になる。

農家の作業ニワにあたるような彫刻制作の場であった「マル」には、イサム・ノグチのさまざまな石との対話が彫刻作品として設置され、「イサム家」内部にも彫刻が庭石のように配され、展示されている。彼がつくり出す空間はいくつもの彫刻が組み合わされて配置され、時にはお互いが非常に近接した場所に置かれ、それぞれのかたちがまったく異なるものであるにもかかわらず、呼応し合い、えもいわれぬ豊かさを醸し出している。それは人間の意志が、ある一定の方向に志向してつくり出されてきた造形とは異なる。それぞれの彫刻が単体でも完結し、また全体の部分でもある。まるで草原で見えない秩序の上に点在して生存する動物たちの群れのようだ。

アメリカ人でも日本人でもない自分の根拠を探すために、イサム・ノグチは日本とは何かを見つめ、自らの造形に取り入れていった。彼は二度目の来日の一九五〇年、四六歳の時に桂離宮、龍安寺、銀閣寺、詩仙堂などの庭園を見て回っている。日本の庭に何を見い出し、どのように咀嚼したのか。単体彫刻をつくっていたイサムは、日本庭園から、自然石の配置によって空間がかたちづくられることを学ぶ。単体彫刻から空間の造形、そして庭園、ランドスケープへと展開していった彼の軌跡とその作品、そして残された言葉は大変興味深いものである。特に初期の庭園的な空間作品からは、彼が日本の空間や庭園に何を見たのかがよく理解できる。

そうした最初の作品である「萬来舎《ばんらいしゃ》庭園」（一九五二年）では、建築家谷口吉郎《たにぐちよしろう》やインテリアデザイナー剣持勇《けんもちいさむ》と出会い、建築の内と外、そしてそのつながりを造形化した。室内の家具は建築空間に呼応した彫刻のようにデザイン、配置され、また室内と屋外は同じ石畳の床でつながれたテラスには小さな袖壁とパーゴラが組み合わされ、内外の入り組みも面白い。大陸における大地と建築との対立的な関係を見てきたイサムの目には、日本の建築と庭の入り組みの繊細な関係が興味深い造形として映ったであろうし、自分の手の中ですぐに空間彫刻として応用できるかたちであっただろう。こうしたイサムの造形からは、日本の建築と庭園との境でつくり出される内が外に、外が内に迎え入れられる造形のすばらしさを改めて教えられる。

「ユネスコ本部の日本庭園」（一九五八年）では彼が日本から学んだものが、空間造形として大胆に試みられた。しかし蹲踞《つくばい》、灯籠《とうろう》、飛石、マツなど日本庭園の直接的、具体的な要素が本来と異なる方法で組み込まれているがために、当時は首を傾げる日本人も多かった。それに比べイサムが「私の竜安寺」（『イサム・ノグチ　ある彫刻家の世界』、一九六九年、美術出版社刊）と呼んだニューヨークの「チェイス・マンハッタン銀行沈床園《ちんしょうえん》」（一九六三年）は、日本の庭でも最も抽象的に凝縮された石庭、その中でも造形物と空間の関係が明確な「龍安寺庭園」からの着想を、日本の石を使いながらまったく異なる造形に仕上げている。日本人があまり使わないようなえぐれの多い黒色の奇岩で、大きいものは七から八トンあるものを選び、そこに噴水のノズルを仕込み水を吹き上げる。石は地に埋め込まず中空に浮くように据えられており、時代や都市のスケールに対応させたとイサムは述べている。イサムが近代建築のスケールに対応する造形のあり方を模索したことは、今日までわれわれに引き継がれている課題である。地面は花崗岩の小舗石がうねり、地模様が立体的に造形されている。これはまさしく日本庭園の要素を用いた新しい庭といえ、イサムにとっては日本を消化して、次の段階へ向かう結節点となった作品ではないだろうか。同時期につくられたイェール大学の「バイネッケ稀覯本・手写本図書館の沈床園」(一九六四年)では、白い大理石の抽象造形物が同じく石庭の庭石のように配されている。かたちはまったく異なるが、おそらくイサムにとっては同じ空間造形であったであろう。

草月会館の「天国」(一九七八年)と呼ばれる作品のさほど大きくはない空間にも、同じような部分と全体との関係を読み取ることができる。そこにはいくつもの吐水口やベンチ、階段がそれぞれ完成された彫刻として存在しながら、空間そのものもひとつの密度ある彫刻になっており、驚愕させられる。それは「にぐる石あればおふいしあり」と『作庭記』に表わされた庭石と場との関係のようである。

「モエレ沼公園」で見られる壮大なスケールの大地の造形は、イサム・ノグチ亡き後、彼のプランを基に二〇〇五年(平成十七年)に完成したものである。抽象的な丸、三角、四角の造形が大地と戯れながら子供たち遊びの場、また大地の彫刻としてある。

庭園を自然を迎える場、装置という捉え方をするならば、本来の庭園は、どのような自然を迎えようとしているのか、また装置としての造形はどのようなものになるのであろうか。今日われわれが思い描く自然とは、地球草創からの宇宙的な時間のスパンで見た生命としての自然であり、過去の庭園において扱ってきた自然の概念をはるかに超えている。地図上に等高線で描かれるような巨大スケールで造形が試みられた「モエレ沼公園」はこうしたスパンで挑んだ空間であったと思う。日本の庭を足がかりに彫刻を空間造形へと展開したイサム・ノグチは、宇宙との対話まで行なっていたのではなかろうか。

イサム・ノグチの作品の軌跡、そして最後の作品である「モエレ沼公園」を読み解こうとすると、わたしがすべきこと、行くべき方向を深く考えさせられてしまう。今日の都市においては多くの場合、風と水の流れやエネルギーの流れを受けとめる、自然の木々や大地の起伏はすでに失われてしまっている。しかしイサム・ノグチのように宇宙との対話まで行ってしまうのではなく、都市の日常空間の中で、その場のもつ自然の力にまでつながるような庭がどのように可能であろうかと思う。

第二章

自然を造形する

この章では庭園を「自然を扱うデザイン」のひとつという素直な視点に立ち戻って解説してみたい。日本の庭園に受け継がれてきた自然を扱う知恵や技術が、現代の急速に変化し続ける都市空間でどのような役割を果たしうるのか。それを考えるため、まずはわれわれが「庭園」と呼ぶ空間にもち込もうとしたもの、いわゆる日本における自然とはどのようなものだったのか、そして自然と日本人がどのような関係を築いてきたかを読み解こう。そこにはさまざまな形式の庭園が成立した背景があり、日本の庭をより深く理解するための礎となるだろう。

庭の主役、日本の自然

「倭《やまと》は　国のまほろば　畳なづく青垣　山隠《やまご》もれる　倭しうるはし」『古事記』の倭建命《やまとたけるのみこと》の歌である。重なり合った緑の山々に四方を囲まれた奈良盆地を美しいところだと歌っている。日本の自然景観の代表的な姿が歌に表現されている。

四方を海に囲まれた島国である日本の地形は、内陸部も沿岸部も変化に富んだ入り組みをもち、小さな川が幾本も急な勾配で流れ出している。人々はわずかな平坦地である山の辺に、盆地に、平野に居を成してきた。気候は雨の多いモンスーン型であるため、どこも豊かな緑に覆われている。自然豊かな国土は多くの恵みをもたらし、そこで育まれた日本人は、いつも自然を畏れ敬ってきた。身の周りに自然の断片をさまざまなかたちでもち込むことにより、自然といつも共にあろうとし、自然への思いを表わし、自然を通してその奥にものごとの本質を感じ取ろうとしてきたのである。

このような緑あふれる景観を背景に生まれた日本庭園は、「自然風景式」という様式を確立させ、自然をより自然らしく扱おうとする手法を発展させた。一般に西欧の「整形式庭園」と呼ばれる中心軸をつくり、そこから左右対称にものを配列して、樹木までをも四角く刈り込む形式に対して、日本の庭園では全体の空間も、個々の樹木も、より自然に近い形状に整えられてきた。この手法は一方で、ある程度生き物の自然な成育を認めた手法であるため、作庭後も庭のかたちは変化し続ける。そのために時間の経過によって、庭園の原形を捉えにくくしてしまうという側面をもつ。そこで日本の庭園を理解する方法の一助として、個々の植物の性質に目を向ける前に、それぞれの庭園の主役である「日本の自然」が、生態的な環境としてどのようなものであるのかをまず知る必要がある。

　庭園の植物は、人の制御下の限られた空間の中にもち込まれ、配され、整えられて、維持される。ところが庭という特殊な人工的環境下での樹木の寿命は、生育の条件が極めて良いなどの例外を除けば、大木になったとしても長くてもせいぜい三〇〇年から三五〇年である。歴史的な庭園にはこうした年月をはるかに超えるスギ、ヒノキなどの針葉樹や、そのほかの広葉樹の老樹が時にはあるが、多くは作庭当初に植栽されたものから変わっている場合が多い。長い時間の経過の中で所有者や流行が変わるなど、異なる好みや趣味の下に、主役となる樹木が変化していることも多いにあり得るのである。さらに植物は時間の経過と共に土地固有の自然に戻ろうとする。そうなると、どこまでが作庭時に意図された部分か、どこからが自然の植生によって生まれた部分なのかの判別が難しくなってしまう。庭はさながら舞台のようでもあり、自然という主役（主に植物）が時々に変わることによって演目が変化しているのである。入れ替わる主役と、主役を支える不変の舞台の構造、この関係が庭というものの妙であろうか。

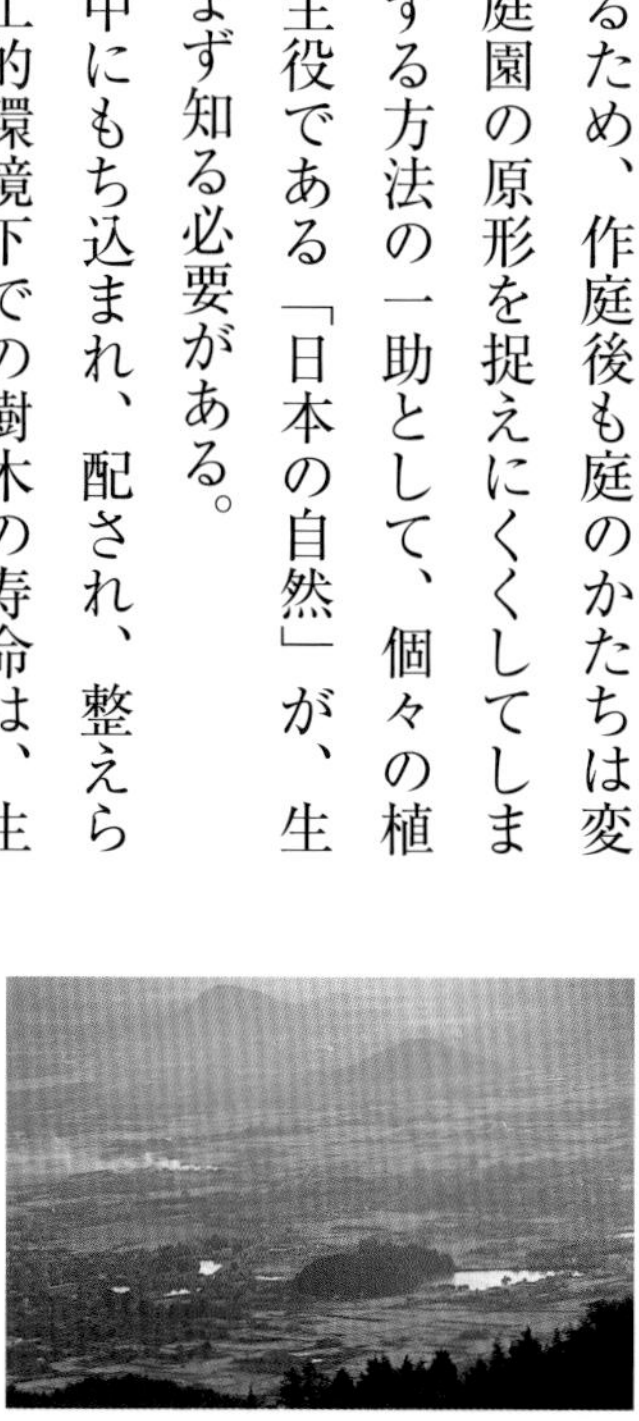

奈良盆地
緑の山々に囲まれる盆地。南部には香具山、畝傍山、耳成山の大和三山がありその中心に藤原宮の大極殿があった。

芦生原生林の風景（次頁）
巨石を巻き込み成長する木々。

春の里山（右頁上）
新緑の木立ちの中にヤマザクラが淡いピンクの花を咲かせている。

冬の里山（右頁下）
冬枯れの枝が森の姿を露にする。

植林地（上）
手入れが行き届いている京都北山のスギの植林地。

日本の植生環境

日本列島はアジア大陸の東の端に位置し、北緯二四度から四六度にわたる南北三〇〇〇キロメートルにおよぶ細長い島国である。その植生は大部分の地域においては、高温多湿な自然条件の下、豊かである。日本と同じく森林の豊かなヨーロッパのアルプス以北のドイツや北欧の国々の森林は、林の中に入っても見通しがきき、樹木はまばらにしか生えない林床の見える明るい林であるのに比べ、日本の森林の多くは昼でもうっそうとしているものが多い。

人間の影響を受けず、その土地固有の自然条件下にある植生を「自然植生」という。庭園の植物が、長い年月人間の介入を受けないでいるとかえってゆく、その地域固有の植生と言い換えることもできよう。それらは気温と降水量の違いにより大きく次の三タイプに分けられる。

第一に、九州、四国、本州の中部にかけての平野部、低山地に広がる代表的自然植生であるシイ、タブ、カシを主とする暖温帯常緑広葉樹林。これが日本の大部分を占める。また、この植生景観は東アジア全般にも広く見られ、「照葉樹林」とも呼ばれている。

第二に、九州から北海道南部までの高山などの寒冷地域、および本州中部以北から北海道南部にかけてのブナなどの冷温帯落葉広葉樹林。

第三に、本州最北部の高山におけるシラビソ、オオシラビソ、北海道のトドマツ、エゾマツなどの亜寒帯針葉樹林。

これら以外にそれぞれの中間領域的な植生帯もある。中部以北の高山に見られるハイマツ低木林。亜寒帯針葉樹林と落葉樹の中間地に見られる北方針・広混交林。中間温帯と呼ばれる地域に現われるモミ・ツガ林がそうである。

こうした自然植生のタイプは、緯度に伴う気象の違いから表われる水平分布と標高差による垂直分布によって分かれる。暖温帯常緑広葉樹林の地域でも標高が高くなるにつれて気温は下がるので、落葉樹林、針葉樹林へと変わるのである。

日本は国土面積の六七パーセントが森林に覆われた緑豊かな国であるが、そのうち人の手が加わっていない自然植生の森林面積は約十八パーセントに過ぎず、北海道や東北地方の一部、そのほかわずかの地域にかろうじて残る原生林に見られるのみである。残りの四九パーセントは代償植生で人の手が加わっている。その内訳は、「二次林」と呼ばれる農業のために人が手を加えた「里山」とも呼ばれる森林が約二四パーセント、木材供給のための「植林地」が約二五パーセントである。われわれが日頃目にすることのできる森林は、この「二次林」と「植林地」がほとんどである。しかしこうした人の手の加わった森林も、いったん人間の手が離れると本来の自然植生に戻ろうと変化していく。このことを「遷移」という。

一〇〇年を越えた、あるいは越えようとするような時を経た庭の木々は、意図されて配された木なのか、遷移して自然に生えてきた木なのかが判然としない場合がある。そうした時に、庭の位置する地域の植生環境が本来どのようなものだったか、という視点で眺めてみると、初期の庭園の姿と現在の姿がどう変化したかを知る手助けとなる。

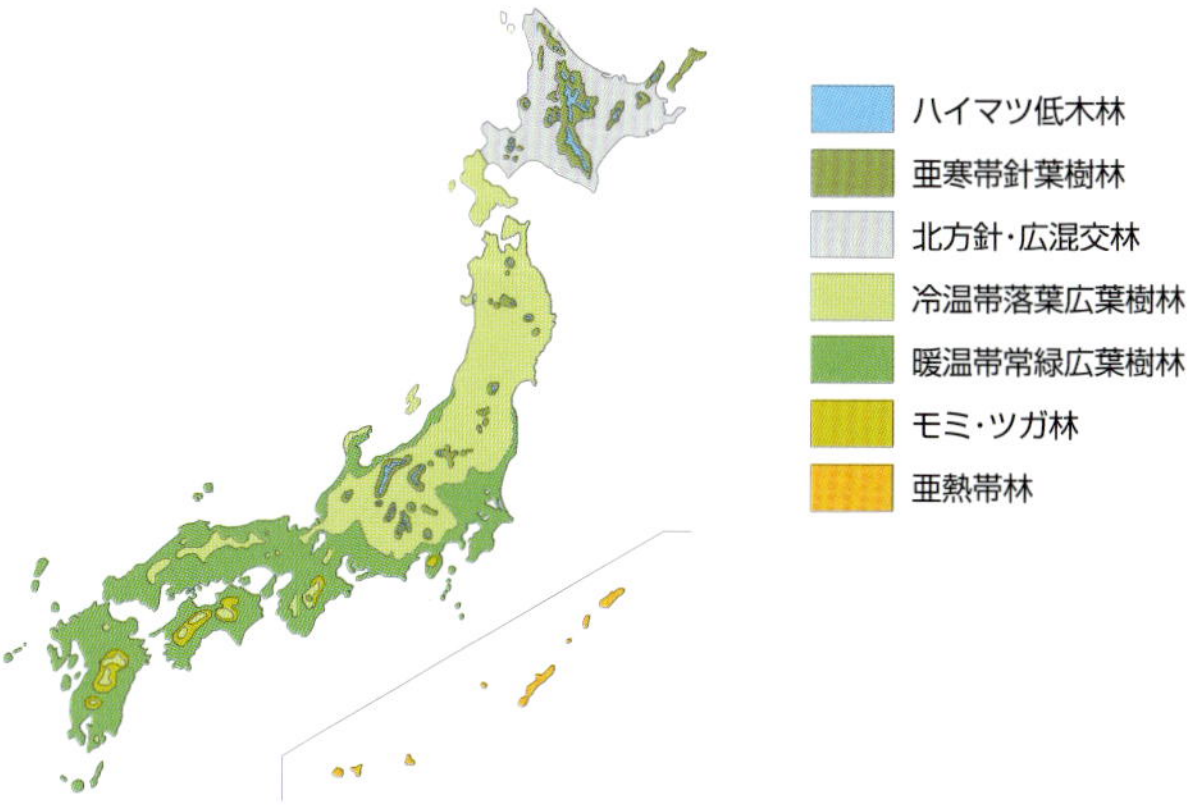

日本の植生図
南北に細長い列島では北と南で大きく気候が異なり、植生も異なる。

神を迎える造形

古代、日本人は自然に対してどのような思いを馳せていたのであろうか。山には「山の神」、川には「川の神」がいる。巨木には神が宿り、巨石には神が降りてくる。雨の神、火の神、風の神もある。『古事記』を見ると、豊かな自然環境の中で、人々は自然界のさまざまな事柄に、八百万《やおよろず》の神々の存在を認めていたことが分かる。多くの豊かな恵みを与え、時には危害をおよぼす自然への、このようなアニミズム的自然観は、文明発生の初期段階ではどこの民族においても同様にあったものである。日本は多くの作物を育む高温多雨なモンスーン気候の風土にありながら、複雑に山地と平地が入り組んでいるため、作物を得るための耕地がわずかしかなかった。このため豊かさと同時に限界を知って暮らし、「自然への畏れと敬い」を常に感じていた。それは科学肥料に頼った農業が発達する少し前の日本では、多くの日本人の誰もがもち合わせていた感覚だったのである。

日本における庭園デザインとは自然を素材とし、それをどのように扱って整えるかということでもあるが、その源流は自然とその背景にある「神」と呼ばれるようなものとの直接対話によって生まれた造形に見ることができる。すなわち宗教的意味合いをもった祈りの造形であり、神が宿る場としてしつらえられた空間である。それは日本人が自然に接する原点の姿であると同時に、日本ならではの自然を造形する原初の姿でもある。それらは非常に素朴で、単純でありながら、力強く、美しい姿をしている。

そうした例のひとつとして「磐座《いわくら》」をあげることができる。それは単体の巨大な岩であったり、想像もつかないほど大きな自然の力がつくり上げた石の集積地であったりする。人々は人智外の力をそうした岩や岩場に感じ、神の降りてくる場として印付けをしたのである。

後に日本庭園の表現において主軸を成す「岩組み」の中に人々が表現しようとしたもの、感じ取ろうとしたものは、まさにこうした降臨の場であり、神の宿る場であり、自然そのもののエネルギーが集中した場である。自然の力の凝縮である自然石を人工的に並べて、祭祀や葬送の場をつくった例もある。縄文時代の墓であったという秋田県大湯の「環状列石《かんじょうれっせき》」がその一例である。石が直径五〇メートルの円弧状に配列されており、空間表現はまるで銀河に散らばる星雲群のようである。

こうした自然信仰が神道へと形成されていく過程を経ながら、日本人は、石以外の自然の事象にも神々を敬い祭る造形を行なってきた。森林や山を祭る「鎮守の森」、池を祭った「神池《しんち》」。神を迎える場には、神の降りる寄り代として「神籬《ひもろぎ》」と呼ばれる場がしつらえられた。場の造形にもいくつものかたちがあり、「立砂《たてずな》」もそのひとつである。こうした場のほかに、神道の儀式やしつらえには

自然の大いなる力を利用した造形を見つけることができる。儀式の前に身を清める「禊《みそぎ》の場」などもそのひとつであろう。

自然のパワーを感じ取る祭祀の場から転じて自然を大きく改変し、造形をほどこして力を表わしたものに、権力者の墓「古墳」がある。古墳には土を盛り上げたもの、石で玄室をこしらえたものなどさまざまな姿がある。中でも巨大なのは「仁徳陵《にんとくりょう》（大仙）古墳」で、残されている古図からうかがい知ることのできる姿は水に浮かぶ小島のようで、まるで人工的な庭園のような景色である。ほかに巨大な岩を動かし組み合わせたものには「石舞台古墳《いしぶたいこふん》」がある。

このように人はまず自然の力が凝縮し、その背景にある自然をつかさどる原理や力を感じられる場や物に印を付けた。そして次に、自然の力を集める装置としての場を人の力で組み立ててゆくようになった。

西欧の古代祭祀の造形と異なるのは、石の扱いに顕著に見られる。のこぎりで石を立方体に切り、積み重ねてゆく西欧の造形に対し、日本では自然の形状に加工をできるだけ加えずに組み合わせることにより、必要な場とかたちがつくられ示されてきた。この原初における自然との対話の姿に、わたしたちが「庭」というかたちで都市の生活にもち込もうとした物の本質があるように思う。

伊勢神宮内宮の鎮守の森（前頁）
鳥居の向こうは神の住む森である。

磐座

人間と自然とのかかわりの原初的段階においては、人にとって自然は恵みをもたらしてくれると同時に、いつ襲ってくるかもしれない得体のしれない存在でもあり、人は自然に対し畏れと同時に、敬いの心をもって接していた。自然の中にある計り知れない力を神的なものと考え、巨木や巨石を神そのもの、あるいは神が降臨する場として祭ったのである。そうした巨石を「磐座《いわくら》」と呼ぶ。

福岡県宗像《むなかた》郡にある宗像大社の三宮のうち、玄界灘に浮かぶ孤島「沖の島」に古代の祭祀遺跡があり、磐座も残されている。四世紀から九世紀につくられたもので、巨岩の上や岩陰に祭り事が行なわれた跡が認められる。荒海の中にある島に、またその森深くにある巨大な岩や石に、古代の人々は限りない神性を感じ取ったのであろう。

奈良県三輪山の「大神《おおみわ》神社」も見落とすことのできない一例である。ここでは社殿をもたず山を御神体とし、山中にある巨石の集積地三か所「辺津《へつ》磐座」、「中津《なかつ》磐座」、「奥津《おくつ》磐座」を特に神聖な場として祭っている。中でも「奥津磐座」には、真ん中からふたつに割れた何千トンもあろうかと思われる巨石がある。このような自然の驚異を神の仕業として祭ったものであろう。

人工的に巨石を組み、降臨の場としたものを磐座と区別して「磐境《いわさか》」と呼ぶこともあるが、そのどちらとも見極めにくいものも多い。「辺津磐座」などは自然のものに見えながらも、どちらとも判別しがたい。岡山県の「阿智《あち》神社」の磐座は、明らかに人為的につくられた

宗像神社沖ノ島の岩上祭祀遺跡
巨岩上に大石を据え、磐座とした。玄界灘を一望する、神を迎える場であり神との対話の場である。

阿智神社の磐座
人工的に巨岩を組み合わせてつくられた磐座。

ものである。神社建築が様式として完成すると、その境内に巨大な岩を人の力でもち込んで配し、磐座と呼び降臨の場をつくった。日本の庭の特徴的な手法は石組みであるが、石をもち込む原初の姿がどのようなものなのかを示す姿がここにある。「阿智神社」はその代表例である。

環状列石

環状に大小さまざまな石が、ある意図とリズムをもって配された例が日本全国に何か所か発掘されている。小単位の集石がいくつか集まりひとつのグループをなし、さらに複数のグループが巨大な環状の空間の中にのみ込まれている。それはあたかも宇宙空間にある星雲群の構成のようである。いずれも縄文時代の住居跡の近くから発見されている。

秋田県大湯《おおゆ》から発掘された環状石群「大湯環状列石」は、全体の円環が損なわれていない貴重な遺跡である。ここには「野中堂《のなかどう》環状列石」、「万座《まんざ》環状列石」のふたつの遺跡があり、「万座環状列石」は直径約五〇メートルの円形の中にひとつの立石を中心とする小円がいくつも含まれている。葬送儀礼や、自然に対する畏敬の念を表わす儀式を行なった祭祀施設であったと考えられている。

長野県蓼科《たてしな》山麓にある原村の「阿久《あきゅう》遺跡」の環状列石は直径一二〇メートルにおよび、近くの河原の石二〇万個以上から構成されている。これも何らかの祭式を行なった場であろうと考えられる。立石をもつ一番小さな円は祭葬墓とも考えられているが定かではない。

宮島の磐座（前頁）
巨大な石の足元には人々の深い信仰の跡が幾重にも重なる。

大湯環状列石
ひとつの立石を中心とする小円。日時計状の組石になっており円環の中心の北西に位置する。

鎮守の森

「鎮守の森」は、氏神《うじがみ》や産土神《うぶすながみ》を祭った森である。日本人は昔から祖先信仰のほかに、自分たちの周りのさまざまなものの霊や魂を信仰し、神として祭り、これらの神を核として村や町の共同体社会をつくってきた。共同体の中心に森があり、その中に社があり、そして社の中には聖なるもののシンボルとして鏡がよく祭られている。鏡は依り代であり、神が節目節目に降りてくる。それぞれの神を祭った社殿の背後には必ず森があり、人々は社殿に祭られた神とその背後の森に同時に手を合わせてきたのである。森そのものは神域であるとされたために、あまり人の手は加えられず、自然の植生が比較的よく残っている。本州の中部以南の平地では、地域の自然植生のまま、うっそうとした常緑広葉樹の森となっていることが多い。

伊勢神宮の森、奈良春日大社の森、名古屋の熱田神宮の森などはその代表的なものである。また規模は小さくとも地域に散在する神社の境内には常緑広葉樹が茂り、自然植生の気配を感じとることができる。冬、作物の収穫の終わった土色の田畑と、落葉した雑木林で辺り一面が茶褐色になった頃、農村地域を見わたして、深い緑の塊が目に入ると間違いなくそこには小さなお宮がある。そのような森の高木層にはシイ、タブ、カシ、中低木層はヤブツバキ、ヒサカキ、アオキ、マサキなどの常緑樹が生えている。

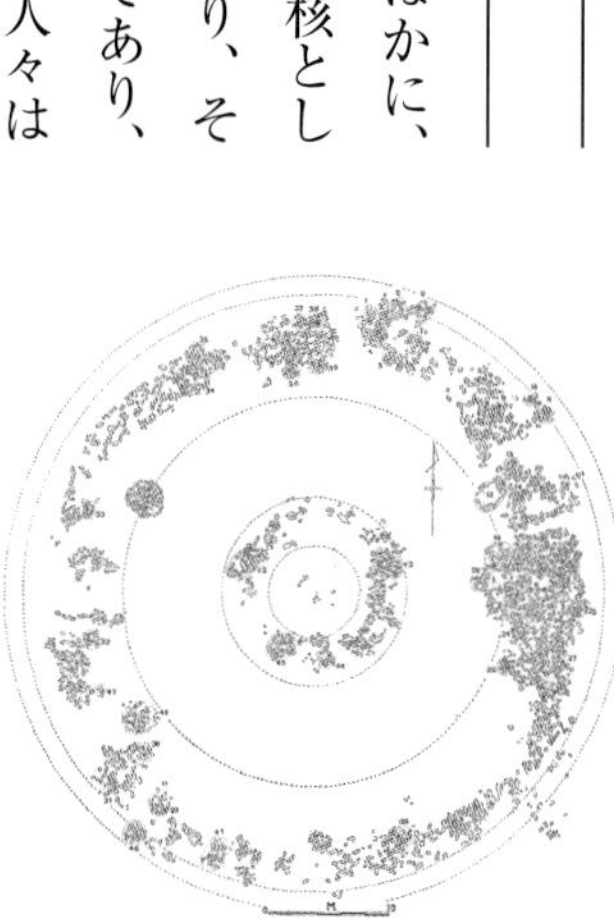

野中堂環状列石平面図
内、外二重の環で構成されている。直径は約五〇メートル。

神池

池をご神体として祭ったもの。承和《じょうわ》年間（八三四〜八四八年）の創建と伝えられる古社、九州大分県中津市の「薦《こも》神社」はそのひとつである。社殿の西に広がる「三角池《みすみいけ》」を御神体とし、池を内宮、社殿を外宮としている。全国の八幡社の総社である「宇佐神宮」の宇佐幸行会の時の神輿《みこし》に納める霊代《みたましろ》の枕を三角池のマコモでつくる習わしがあったそうである。マコモとは水辺に生えるイネ科の植物で、この三角池に自生している。今は大きく人の手が入り、護岸はその神秘性を失ってしまったが、広大な広がりをもつ池畔の鳥居は、池そのものがご神体であったことを思い出させる。

神籬

神事をとり行なう時に、臨時に神を招請するために、指し示された神迎えの装置。古来、神霊が宿ると考えられた山・森・樹の周囲に「常磐木《ときわぎ》」を植え、「玉垣《たまがき》」を巡らせて、神聖を保つ場所とした。そうした風習が基となり、「しめ縄」が神聖な領域を示す結界とみなされた。あるいは神の依り代となる「神木（サカキ）」に「御幣《ごへい》（シデあるいはミテグラ）」を下げ、盛り土した壇上に挿し、「依《よ》り代《しろ》」と呼ばれる降臨の場とした。「神籬《ひもろぎ》」の一種である「立砂《たてずな》」は、神山にちなんだかたちをもつ円錐形の盛り砂であり、神の降りる「依り代」である。鬼門、裏鬼門に撒く清めの塩の始まりでもある。

伊勢神宮、外宮の三つ石
四方に注連縄が張られ、神聖な領域が示される。

薦神社の神池（左頁上）
池の中に鳥居が立ち、池が御神体であることを示している。

伊勢神宮、五十鈴川の御手洗場（左頁下）
神宮の森の神聖さと森の大きさに合わせるかのように、大きなスケールで身を清める場が設定されている。

神迎えが、ある特定の時間のサイクルに従って行なわれていたことをうかがわせる儀式がある。伊勢神宮で行なわれる式年遷宮である。神宮は天照大御神《あまてらすおおみかみ》を祭る「皇大神宮《こうたいじんぐう》」の内宮と、五穀の守護神とされる「豊受大神宮《とようけだいじんぐう》」の外宮から成っている。両宮共に降神の装置である「心御柱」がもっとも神聖なものとされ、一三〇〇年前から、神鏡をお祭りする神明造の神殿が二〇年に一度建て替えられ、太古の建築様式と、それをつくり出してきた古代の技とがそのたびに甦り伝えられてきた。真新しく保ち続けることが神聖であるとされたのだ。神への捧げものとしての織物、武具、楽器、そのほかあらゆる工芸品と共に、それをつくる職人の技術も受け継がれてきた。二〇歳頃に下働きで参加し、四〇歳で中心的役割を担い、六〇歳で棟梁として全体を指導する。職人たちが人生で三回かかわることにより、確かな仕事として受け継がれてゆくという。次の遷宮は二〇一三年に控えている。

御垣《みがき》の中に、手の中に入りきらない程の大きさの玉石が敷き詰められ、その奥の方に小さな覆屋《おおいや》がぽつんと建っている。広大に広がる石原の中の小さな小屋と、二〇メートルもあろうかと思えるうっそうと茂るスギ木立のスケールの違いが、体験したことのない不思議な空間感覚を見る者に与える。そこが「古殿地《こでんち》」と呼ばれる新しい神殿が建つ場所である。その真横には、同等の広さの石敷きの広場があり、幾重にも柵が巡らされ、奥には第六一回目の遷宮によって建てられた黄金に光り輝く棟木を掲げた正殿が垣間見える。ここが神の居る場なのだと知ることができる。

上賀茂神社の立砂
神の降り依り代。このふたつの盛り砂の間が聖なるものの場として暗示されている。

伊勢神宮の心御柱覆屋（左頁）
古殿地と呼ばれる玉石敷きの空間に、次の遷宮時に社殿の建つ中心の位置が示されている。

禊の場

伊勢神宮内宮の、五十鈴川《いすずがわ》の禊《みそぎ》の場は「御手洗場《みたらし》」と呼ばれる。神宮にお参りをする前に身を清める手洗いの場所であり、石畳の緩やかな階段で水際に近付くことができる。自然と向き合う場として単純な形態で、自然の川のスケールに合った造形となっている。向き合った先には清らかな水が速い勢いで流れ、対岸に深い鮮やかな杜の緑がある。その場に立つと、まるで水の中に立っているような錯覚に襲われ、身も心も洗われるようである。

古墳

三世紀末から四世紀初め頃、近畿、西日本を中心に巨大な土の造形物として前方後円墳に代表される高塚古墳がつくられた。エジプトのピラミッドなど、世界の初期王朝の巨大な王墓はそれに相応する規模の神殿と対になっているが、日本では墓に注がれたエネルギーが土の造形物として残るのみである。五世紀には、東北南部から九州南部までその分布が拡大している。

「仁徳陵《にんとくりょう》（大仙《だいせん》）古墳」は五世紀につくられたと考えられている堺市百舌鳥野の大地に横たわる全長約五〇〇メートルにおよぶ日本最大の墳墓である。三重の濠で囲われており、濠を含めると八〇〇メートルを超える大きさとなる。海外からの使者が到着する難波津や住吉の津に近く、はるか海上からもその姿が見えたであろうと思われる。現在はうっそう

仁徳陵(大仙)古墳
全長四八五メートル。膨大な土を動かした造形物。

『御陵画帖』所収の仁徳稜(大仙)古墳
国立公文書館所蔵。松の疎林に囲まれ、拝所も整えられてまるで庭のようである。幕末期の修復時に描かれたもの。

とした森になっているが、古絵図（『堺大絵図』、元禄二年）には、植栽が整えられたマツの疎林としての景観が描かれている。

六世紀以降の権力者の墓は横穴式石室が普及し、それまでの巨大化する土の造形から、堅牢な巨石建造物へと変化した。その代表的なものが「石舞台古墳《いしぶたい》」である。奈良県明日香村島庄にあり、蘇我馬子《そがのうまこ》の桃源墓《とうげんぼ》と考えられている。露出した横穴式石室は、畳四枚分ほどの天井石を含む巨石で組まれている。

ニワ

日本人のアニミズム的な自然信仰は、神を迎えるための場を整え「ニワ」と呼んだといわれている。ニとは「土」、ハは「場」の意味を表わす音であり、土をならした一定の領域を指す。その後、神道の成立によって神事のための聖域として整えられた場は「斎庭《ユニワ》」と呼ばれるようになった。斎庭には神事のための聖域として、聖なる色である白砂や白い小石が敷きつめられ、儀式と行事が行なわれた。「伊勢神宮」では数ある社殿の白砂敷きの部分がこの「斎庭」にあたる。また、朝廷の「廷」の字は訓読みではニワであり、社殿前の神事のための空間と同質の空間であった。「京都御所紫宸殿《ししんでん》」前は白砂敷きの広場が整えられ、政《まつりごと》が行なわれる空間であった。農家の母屋の前にある農作業のための何もない空間や、屋内の土間空間も「ニワ」と呼ぶ。これも土をならした一定の領域である。

斎庭
鬱蒼とした照葉樹の森の中に神聖な場が示される。伊勢神宮内宮。

石舞台古墳（次頁）
自然の石を加工せずに組み合わされている。元の石の個性をそのままに残し、新たな造形に導いている。庭園以前の自然石の扱いを見ることができる。

農における自然の造形

自然と共にあろうとする人々の暮らしは、日本では高度経済成長期直前まで生き続けてきた。失われつつあるこうした暮らしによって形成された日本の農山村景観は、美しい風土景観として今日注目されている。

「大和には　群山あれど　とりよろふ　天の香具山　登り立ち　国見をすれば　国原は　煙立ち立つ　海原は　鴎立ち立つ　うまし国そ　大和の国は」と『万葉集』に歌われた「豊葦原の瑞穂の国」とたたえられる日本の景観。農村は暮らしの根底である食糧生産の場であり、農村にみられる自然への対し方、接し方という視点をもって、この「うまし国」の農山村景観に目を凝らすと、実に巧みな自然を扱う技術が見えてくる。

『日本書紀』には第十代崇神《すじん》天皇の勅《みことのり》として「農は天下の大本なり」という言葉が記されている。農を基本とした国土政策のあり方をすでにそこに見ることができる。そのためにさまざまな治山、治水事業が行なわれてきた。治水は山林の荒廃を防ぐという認識も早くからなされており、七一〇年（和銅三年）には治山のための国の役職山守部《やまもりべ》も設置されている。

日本の稲作農業は、西欧の小麦農業よりもはるかに多くの水が必要であった。水を天水に頼ることで、人々はいかなる恵みも自然が与えてくれる容量の範囲内であることを理解していた。稲作には平坦地の確保も必須である。しかし広大な平坦地である沖積平野は、台風や梅雨時に洪水の危険にさらされ、そのたびに平野部の川は流路までをも変える。それゆえ大河川の広大な氾濫原が耕作地となるのは治水技術も進み、安定した社会になった江戸期以降のことであり、それ以前は、氾濫の危険のより少ない山裾の少し開けた谷間や盆地が生活の場として選択された。少しでも多くの米を生産するのに適した平坦地の確保のため、山を背にし、水田を前にした集落が一般的な農村の形態となっていく。

狭い谷の一本の水系だけを頼りにその地に住みついた人々は、何代にもわたり同じ場所から生産物を得続け、より多くの恵みを収穫するために自然を抹殺することなく、生かし生かされの共生の知恵を育んでゆく。狭い急峻な地形での作物の生産には、その場の特性に合わせた多少の自然の改変が必要であったが、何よりも自然を受容しなければならなかった。そのために、細やかな地形と微気象を読み取ることをいやおうなく強いられた。その暮らしの営みの景が流域ごとに微妙な変化を見せ、日本には多様な農村景観が生み出されてきたのである。

ちなみに環境史を専門とする安田善憲《やすだよしのり》は、アジアモンスーン地域の稲作漁撈《ぎょろう》文明が、灌漑と森林開発を行なう欧米の畑作牧畜文明より環境へのダメージが少ないと著書『日本よ、森の環境国家たれ』（二〇〇二年、中央公論新社刊）で述べている。森と川と水田そして海の水の再生と循環の中で営む稲作と、自然資源である魚類からの蛋白質の摂取は自然がもつ能力の範囲内で行なわれ、その認識下で人々が生活していたことは、将来の自然との共生のあり方に示唆を与えるという。

農山村の美しい景観として、また農の技術の集積地としてまず取り上げられるのが「棚田《たなだ》」であろう。棚田は山や上流から水を引くことができる場所が条件であった。地形の大きな起伏に沿いながら、何枚もの、時には何百枚、何千枚を超える田が重なり合う姿は圧巻だ。

棚田のほかには「堰《せき》」、「堤《つつみ》」、「圦《いり》」、「用水路」などにも、自然を実によく知り抜いた巧みな仕組みがつくられ、その素朴な造形をいまだ各所で見ることができる。

ひるがえって構築物ではない無形の行事も作物の生産にかかわるものとして伝えられてきた。種籾をまき、田植えをし、草取りをし、刈り取る。稲作はひとつひとつの作業の節目を、短い季節のタイミングに合わせなければならない。自然環境の中でそのタイミングをうまく見計らうことが重要であった。その知恵が、季節折々の祭りや風俗習慣として、年中行事や歳時記に見ることができる。

農村景観をこのような視点で眺めてくると、都市の「庭園」と呼ばれる空間に自然をもち込み、それを洗練された造形とする技術の背景には、農村における人間と自然の関係の姿があることが垣間見える。自然にまつわる日本人の心の源がここにある。

里山

里山は農村の背景林である。人々は南面した山裾に集住して、背景林からの沢や湧水を生活用水あるいは水田、農地の水として利用し、木材、木の実、山菜、動物などを得ていた。本州中部以南の平地や丘陵部の里山林は、クヌギ、コナラ、エゴノキ、ヤマザクラ、アオダモ、コブシ、クリなどの雑木林、あるいはマツ林からなる。生活用材、建築用材を伐り出す林として、薪炭林《しんたんりん》として十数年のサイクルで大きく成長した木を間引き、伐採し、萌芽再生を繰り返し、何代にもわたって使い続けることによって、林床にはいつも光の差し込む明るい林となる。そのため植生が非常に豊かで　クサボケ、フデリンドウなどの野草が可憐な花を付け、きのこや山菜なども豊富に採れる。中木層にはシイ、タブ、カシなどその地域本来の自然植生である常緑広葉樹が萌芽する。こうした農の背景林を国木田独歩《くにきだどっぽ》は、雑木林の美しき風景として小説『武蔵野』に描いた。雑木林の景観を美しきものとする認識が生まれ、飯田十基《いいだじゅうき》(50頁参照)から今日まで、造園家たちが庭に描く風景のひとつになってゆく。

しかし一九六〇年(昭和三五年)以降、石油などへのエネルギー転換により里山林の利用度が減少し、現在では立ち入ることのできないようなうっそうとした林も多い。里山には自然と人間との共生の知恵がたくさん詰まっている。昨今、里山を都市生活者が維持することの新たな意味が模索され始めている。多様な生物の生息地として、都市の環状緑地や景観緑地として、また農の文化の継承や自然環境の学習林としての利用も考えられている。

棚田

稲作には常に多くの水が必要で、水田に水を溜めておくため、必然的に耕地は水平にならざるを得なかった。人々は急峻なわずかな地形に石垣や土坡《どは》によって畦畔《けいはん》をつくり、水平な小段に整形し耕地をつくった。これが棚田である。ヨーロッパでは小麦もトウモロコシも稲作ほど水を必要としないので、耕地は起伏に富んでいる。ヨーロッパと日本の耕地構造の違いが農村景観の大きな違いとなっている。

斜面に平坦地を確保するためには、耕作地をつくる過程で出た自然の石を積み上げてゆく。長年の経験から石の形状が見極められ、構造として安定するよう石と石がかみ合わされる。その結果積み上がった石積みはある心地良いリズムをもつ。水をたたえなければならないがゆえに、全体としてはくねくねとゆがんだ形状をしながら、平面は当然水平である。自然に従いながらも人間の意志がかたちとして表われている風景である。まるで人工の石を積み上げたピラミッドが地形に沿って変形したかのようでもある。巨大な岩が地中に埋もれていることもあり、あるところではそれが石積みの一部となり、またあるところでは田の中にそのまま残され、岩上に田の神の地蔵が置かれたりする。棚田は何十年、何百年にもわたって人間と自然の関係が続いた結果の姿といえる。その土地とそこから恵みを得ようとする人間との関係の造形なのである。

岐阜県恵那市の「坂折《さかおり》棚田」の石垣造りには「黒鍬衆《くろぐわしゅう》」と呼ばれる石工職人がかかわっており、「谷積み」、「あじろ積み」など技術的に優れたものが多く見られる。

白川郷の農作業小屋(右頁上)
里山林の中の農作業小屋。北国の人々の暮らしと里の自然の厳しい関係が美しい景観をつくり出している。

白川郷の農家(右頁下)
農家とコナラの里山林。

石垣と農家(次頁上)
岐阜県恵那市、坂折棚田。

初冬の棚田石垣(次頁下)
岐阜県飛騨市。

地形に沿ってうねる石垣(129頁上)
岐阜県恵那市、坂折棚田。

愛知県豊田市足助町に残る石垣(129頁下)
もともとあった石を残して積み上げられている。

水の制御と利用

農村の生活および生産環境の軸となっているのは水である。人は居住環境を水の近くに求めてきた。水は生命を育むものであると同時に、いつ人間に牙を向くかもしれない危険なものであったため、治水整備は居住と農林業生産の基盤であった。この治水技術には、計り知れない数多くの自然と共存するための知恵が詰まっており、治水のための構造物は日本の農山村景観の重要な構成要素ともなっている。代表的ないくつかを見ていきたい。「堤《つつみ》」は、はじめは河川の両脇に連続して築かれたものではなく、ある方向の水流を抑えて別の方向に導く土木構造物であった。「堰《せき》」は、用水に利用するために川の自然な流れを止める構作物である。双方とも水防の施設であり用水の施設でもあった。

堤の大変興味深い工法を確立した事業に「関東流治水事業」がある。江戸初期に「川瀬は一里四十八曲がり」という言葉を残した関東流治水事業は、武田信玄が甲府盆地で行なった治水対策「武田流」を基に、江戸開幕当初から関東郡代を務めた伊奈一族により行なわれた。一定の洪水までは堤防で防ぐが、それ以上を超えると堤防を溢流させ遊水地や被害の少ないところに氾濫させる。河道の蛇行を重んじ、「乗越堤《のりこえづつみ》」などを用いて治水し、農作地の豊かな土壌の確保を行なったのである。江戸中期以降は、徳川吉宗が「享保の改革」で「紀州流」と呼ばれる方式を用いるようになる。これは河川を直線にし、高い連続堤を築いて水を一気に海にまで流し出すという方式で、それまで新田開発を行なうことができなかった下流域の遊水地などを広大な耕作地に変えることを可能とした。

水門
水田や畑に水を引くための、簡易な仕組みが豊富にあった。

用水路と水田に囲まれた農作業小屋(左頁)
水田の間をぬって導かれる水路の風景はまるで抽象絵画のようである。

ここで使用されたいくつかの堤の手法をもう少し詳しく見てみよう。「越流堤《えつりゅうてい》」といわれる堤は、洪水調整を目的とし、堤防の一部分だけを低くして、遊水地にわざと水をあふれさせるようにした手法である。中国明の時代に黄河流域の治水に用いられ、日本では加藤清正《かとうきよまさ》が熊本の江戸川に設けたのが最初だといわれている。岡山の旭川では越流堤は「荒手《あらて》」と呼ばれ、これを超えた水は「百間川」と呼ばれる人工放水路へ導かれるようになっている。「霞堤《かすみてい》」と呼ばれる手法は、とぎれとぎれの堤防を、互い違いに少しずつずらしてつくる。洪水の時には、堤の切れ間から水が逆流してあふれ出るため、水の力が軽減される。大規模な堤防の決壊を防ぐことができ、洪水が弱まると自然に川に戻る。武田信玄が甲府盆地の水害を防ぐために釜無川に築いたものが最初である。「囲堤《かこいてい》」は、低湿地の集落、耕地を河川の氾濫から守るために巡らした堤防である。木曽川下流の三角州沿いの美濃地方では「輪中堤《わじゅうづつみ》」と呼ばれた。家屋は盛り土の上に建てられ、万一の場合に備えて水屋と呼ばれる高床の倉庫をもつなど、氾濫原で暮らす知恵がそこにある。

また、流れの勢いを弱めたり流路を変え、河岸を保護するため人工的な障害物を岸から突き出す「水制」にもさまざまな工法ができ、木枠を蛇籠《じゃかご》で押さえ、水に沈めて洪水の勢いを抑える「牛枠《うしわく》」、「聖牛《ひじりうし》」、「棚牛《たなうし》」、「尺木牛《しゃくぎうし》」、「笈牛《おいうし》」などの牛類や、枠の内部に石を詰めて沈設する「沈枠《しずめわく》」、「片枠《かたわく》」、「地獄枠《じごくわく》」、「合掌枠《がっしょうわく》」などの枠類が用いられた。木曽川には現在でも流れに直交するように飛び出した水制の跡が見られ、あるものは樹木に覆われ、あるものは杭が林立する風景として残っている。

灌漑用導水の施設にもいろいろな工夫、暮らしの造形が見られる。堤により導かれた水

踏み車
川の水を上の田に上げる農具。

水口の調整
隣の田に注ぐ水を土嚢で止める。

を田畑に導くための水路が「用水路」である。谷筋の水を導く小さな水路から、愛知県三河平野の明治用水のように幹支線合わせて全長三四八キロメートルにもおよぶものもある。用水路には時に大きな地形の起伏を横切って通される大規模な構造物を伴うことがある。熊本県矢部町の「通潤橋《つうじゅんきょう》」は轟川を跨いで水を送る総延長四二・八キロメートルの用水路である。川を渡る部分にはアーチ形の水路橋が設けられており、現在は国の重要文化財に指定されている。

「圦（取水口）」とは、灌漑のために近くを流れる川から、必要な時に水を取り入れるための簡易な木製の工作物のことである。戸によって開閉できる水門。戸を閉ざせば堤や堰のような機能をもつ。

「溜《た》め池《いけ》」は農業用水として利用するための、小さい川や谷水の貯水池である。平野部の溜め池は低湿地に築かれた水深数メートルの「皿池《さらいけ》」と呼ばれるもので、粘土質の土壌を人間の足や丸太棒、掛矢で突き固め、層状の盛り土を堤とした。こうした平野部の皿池は集落単位で一から二か所築造された。愛知県知多半島は、このような溜め池が多く見られる地域である。一方、中世期の水田開発の主な土地は山麓、扇状地であり、こういった場所につくられる溜め池を「谷池《たにいけ》」と呼んだ。天水を貯蓄するための谷池の中には水深十メートルを超えるものもあり、堤防の厚さや高さと底辺の広がりとの関係、「余水吐け」、「底樋（排水路）」などに高い技術を要した。一六三三年に完成した愛知県犬山市の「入鹿池《いるかいけ》」は尾張地方における最大級の灌漑用水池である。

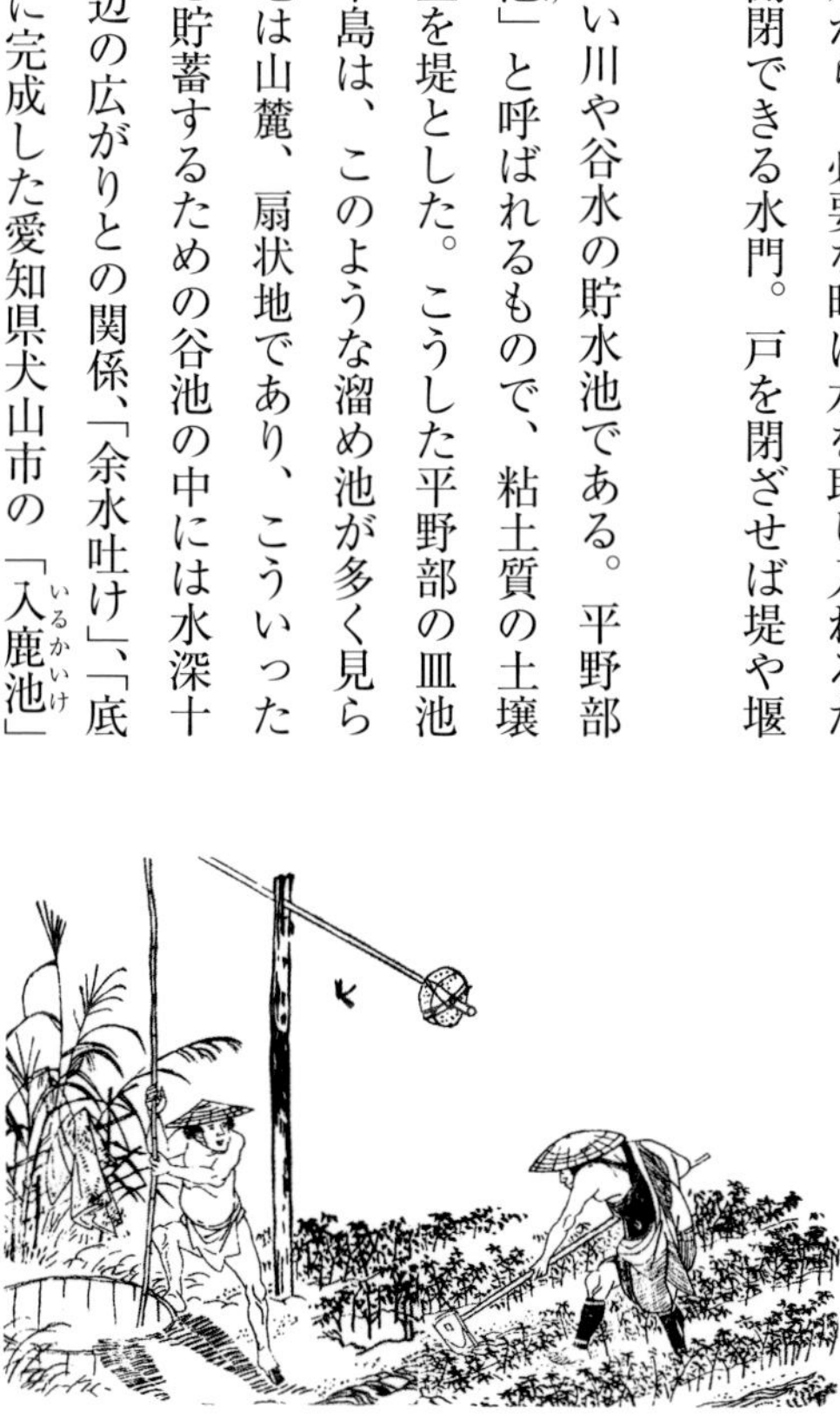

水を引く
井戸から汲み上げた水を畑の畝の間に溝を掘り灌水する。

屋敷林など

そのほかにも自然と共に人が暮らすために、自然をうまく利用し、一方で自然から自らを防御し、さらにはその自然との関係を暮らしの豊かさとして楽しんだ造形を拾い上げてみたい。

「屋敷林《やしきりん》」とは扇状地の水田の中に点在する散居集落を背の高い防風林で囲んだものである。富山県砺波《となみ》平野の「カイニョ」と呼ばれるスギを中心にした生垣、島根県出雲平野の「築地松《ついじまつ》」と呼ばれるクロマツなど、時には十メートルをはるかに超えるものもある。

「芝棟《しばむね》」とは茅葺き屋根の棟仕舞いの一種で棟の部分に強度を付けるため、土付きの芝草や植物を植えたものである。野外で切り取ってきた土付きの草は屋根を押さえる重さともなり、雨漏りを防ぐ役目も果たした。長い乾燥に耐え密に根を張って土をしっかりと締め抱えるイワヒバ、ギボウシ、イチハツ、ユリ、アマドコロなどの植物が植えられた。建築の構造の補助財としての役割を担いながら、農村景観に華やかな味わいを添えており、花の季節になると屋根の上は花園となる。北海道から九州の太平洋側に広く見られたものである。

古い民家の建物の中には「ニワ」と呼ばれる空間がある。農作業の一端を生活空間のすぐそばで担うスペースであり、板敷きや土間が多い。それ以外にも室内で作業しきれないことを補うための空間であり、時には子供の遊び場、祭りの日には降臨の場ともなる。使われ方により空間の意味が変化する。庭の原点の形態であるといえる。

砺波平野
富山県砺波平野に散在するカイニョ。

芝棟
群馬県。オニユリが棟に並んでいる。
屋根の上がまるで花園のよう。

農の習俗、遊びに見られる自然とのかかわり

自然との関係は、直接的な構造物、工作物のみならず、生活の隅々にまで行きわたり、それは習俗や、遊びなど無形のものとしても表われる。

暮らしの中にあって季節の節目節目に行なわれる自然と農耕に深くかかわる行事は「歳時記」に著されてきた。歳事に必要とされる儀式のやり方や道具、自然との交歓や祈りの営みに豊かな造形や行為を見ることができる。田植えの祭りとして「御田植《おたうえ》祭り」。種籾を蒔いた日に一年の豊作を祈り、苗代の水口で田の神を祭る「水口祭《みなくちまつり》」。収穫祭としての「秋祭り」。今日わたしたちの春の行楽として定着している「花見」は、もとは農耕の神事であった。「春山入り」、「春山行き」と呼ばれ、サクラの花の咲く頃に飲食物を携えて近くの山に入り、一日を過ごした。これは冬を支配していた神を山に送り帰し、春の芽吹きをもたらす田の神を里に迎えるという意味があり、宗教的行事でありながら、楽しみの少ない農山村における息抜きのひとつでもあった。自然あふれる屋外空間を園地のように利用する日本人の姿も見え隠れする。

小菅祇園祭(右頁)
長野県飯山市。小菅神社は一三〇〇年前修験道の行者によって開かれた。「柱松柴灯神事（はしらまつさいとうしんじ）」と呼ばれる火祭りが行なわれる。地域に生えている雑木が束ねられ巨大な松明のようになり火が付けられる。

夕顔棚納涼図屏風
久隅守景作。東京国立博物館所蔵。国宝。十七世紀前半に描かれた暮らしの中の自然。ひょうたんのつるで覆われた棚の下でうっすらと見え始めた満月を眺めている。
Image: TNM Image Archives
Source: http: //TnmArchives.jp/

都市の自然

都市は森林を切り拓いてつくられた巨大な造形物である。しかし日本の都市の建造方法は、パリやロンドンのような西欧の都市と大きく異なっている。「神を迎える造形」で見てきたような日本人独特の自然観を基盤に、隣国中国の教えである風水思想などの影響を強く受けながら、自然の摂理に沿った都市計画がなされてきた。風水思想とは陰陽五行説に基づいて、土地そのものがもつ自然のエネルギーの流れやリズムを「龍脈《りゅうみゃく》」と呼んで読み解き、それらを地形や方位の吉凶として判断し、都、城、住居、墓などを築くものである。自然の良いエネルギーをより的確に受けて力に変えようとしたのである。

風水において吉祥の地は「背山臨水」、「山河襟帯」、「蔵風得水」、「四神相応」などと表現され、山に抱かれ、囲まれた中に池や川などの水が存在する場を指し示している。日本人のアニミズム的自然観は、この隣国の思想を違和感なく受け入れてゆく。

日本では都市に自然界の生き物としての論理を内包させるため、風水思想の骨格のひとつとなる四神相応の考えに基づき、東方に流水（青竜）、西方に大道（白虎）、北方に丘陵（玄武）、南方に池（朱雀）を取り込んだ都市の配置が行なわれた。平安京はまさにこの四神相応の理想を都市の平面構造として京都盆地に出現させたものである。

時代は下って江戸の町では、大規模な土木工事による埋め立てや水路の開削を行なったにもかかわらず、自然と共にあろうとする日本人の考え方が、都市の構造に反映された。そのため都市といえども生き物としての変化と成長を内部に抱えたものとなっていた。

日本では都市も生きており、都市が役割を終え、権力が移行した後は、その地は森にかえってゆく。高温多湿なアジアモンスーンに位置し、建築物が木造であることも助けとなったのであろうが、それ以上に自然の摂理にのっとった山と水の適切な配置の下に成立している都市であるからこそ、西欧の中世都市が建固なかたちとしてその姿を残し続けるのとは異なり、日本では「後は野となれ山となれ」と放置されれば自然にかえってゆく。多聞にもれず平安京も一部森へとかえっている。

神を自然の至るところに見い出し、その自然と常に共にあろうとする日本人の心は、都市の大きな構造のみならず、自然の楽しみや遊びといった都市の暮らしの隅々にも反映され、さまざまな文化を発展させた。文学や、美術工芸の世界では、独特な自然表現を多様化させ熟成させてきた。花見や虫聞きなどの遊びが生まれる暮らし。こうした中で直接的に自然を生活のそばに引き寄せ、再構築し整えたものが日本の庭の一面ではないだろうか。

生きている都市

平安京は四神相応の地として桓武天皇の七九四年（延暦十三年）に長岡京より京都盆地の中央に遷都された。北には北山および船岡山（玄武）、東には鴨川（青竜）、南に巨椋池《おぐらいけ》（朱雀）、西には西国街道（白虎）が控え、広さは南北約五・二キロメートル、東西約四・五キロメートルあった。南端の羅城門《らじょうもん》から京内に入ると、南北軸となる幅約八四メートルの朱雀大路が平安宮の大内裏の正門朱雀門《すざくもん》まで続いていた。都市全体を条坊制と呼ばれる大路小路で碁盤の目状に整然と区画化し、階層化された形態をつくり上げた。豊かな自然を受け取ることのできる構造を基盤に、天皇の政治的支配の永続性を求めながらも、人間の住み方を整理したのが、当時の都市の建造手法であったともいえる。

現在の御所は平安期には政治の中核であり多くの役所建築を従えていたが、中世期は為政者としての力を失い、三つの御所と公家邸宅のみで構成されていた。さらに明治の遷都により、公家屋敷も次々に東京に移り、屋敷跡は野原となって「内野」と呼ばれていた。現在の京都御苑の森はこうした荒れ果てた野原を一八七七年（明治十年）に整備して森としたものである。歴史的名園が京の都に多く残るのも、自然のエネルギーの流れや循環のシステムを適切に享受できる地が選ばれていたことの表われである。時代が変わり、権力構造が変わっても京都の古い庭園が生き物としての命を永らえているのは、都市という環境全体が生きているためであろう。部分である庭園は所有者の代を超え、また植物の代を超え、大きな命ある都市に支えられ、生き続けてきたのである。

名古屋城の堅固な石垣と桜（前頁）

四神相応の地、平安京
平安京復元模型。京都市歴史資料館所蔵。「山河襟帯、自然に城を作す」という景勝の地であった。玄武の山とされた船岡山を基準点に中心の朱雀大路が決められていたのが分かる。

江戸の町は、一七一六〜三五年（享保期）には武家人口約五〇万人、僧侶と神官が約三万人、町民約五〇万人、合わせて一〇〇万人を超す世界最大級の都市であった。その土地利用は武家地六割、社寺地二割、町人地や畑などが二割という構成であった。一六五七年（明暦三年）以降には火災被害の分散の意味も含め、大名は上・中・下・抱屋敷を都心から郊外へと段階的に設けていった。それぞれの屋敷内には、山に谷川が流れる縮景式の自然庭園が広がり、たとえば広大な敷地をもつ大名屋敷のひとつである尾張徳川家の下屋敷「戸山荘《とやまそう》」は約十三万六〇〇〇坪の敷地に東海道小田原宿をテーマにした庭園を設けていた。江戸の六割を占める大名屋敷は、豊かな都市緑地としても機能していたのである。

日本が鎖国を解いた当時、ヨーロッパの諸都市はすでに産業革命を経験していた。都市計画は産業の発展を優先しており、都市は汚物と汚水にあふれていたという。そのため多くの欧米人が、都市と農村のエコロジー的循環がうまく機能していた江戸のすばらしさを記したことはよく知られている。エドワード・S・モースの「全ての排泄物が都市から人の手によって運び出され、農地に肥料として利用されている」（『日本その日その日』一巻〜三巻、一九七〇〜七一年、東洋文庫、平凡社刊）の記載通り、糞尿は近郊の農家に高価に売りわたされていた。人糞以外にも、馬糞、魚河岸から出る魚の屑、台所から出る厨芥類、手工業の産業廃棄物である油粕、酒粕、醤油粕などもである。これらが畑地にすき込まれ、有機肥料となり、その畑からは毎朝新鮮な野菜が都市にもち込まれるのである。江戸の町が多くの庭園をもち、その暮らしのシステムが自然の摂理にのっとった大きな庭のようであったであろうと思われる。

江戸一目図屏風
津山郷土博物館所蔵。鍬形蕙斎筆。起伏のある地形に、多くの緑地と川と家並みが入り組む江戸の町が読み取れる。

都市の土木構造物

都市として人が集住するためには、当然のことながらその基盤としてさまざまな土木工事が必要で、その工法は農山村の治山・治水に用いられた技術や構造物と基本的にはつながっている。ところが都市内であるがゆえに、大陸の技術にも学びながら、より意匠的に意識され、洗練されていく。こうして都市において自然を制御すると同時に、都市構造物には繊細な文化や権威を示した造形が生まれた。

「土塁《どるい》」は土を盛り屋敷を守るための構築物であるが、中世初期、領主の所領支配の拠点となる屋敷はより堅固な防御機能を必要とし、大きな堀と土塁を伴う「館」と呼ばれるものとなる。それは石垣を備えた城郭へと姿を変えるまでの過渡期に見受けられる。石づくりの堅固な工作物ではなかったがゆえに多くのものは失われたが、領域を示す地形の造形として興味深い。

地震が多く湿度の高い日本では建築や土木の資材には木材が多く用いられ、中世までは都市における石材使用は社寺や特定の貴族、豪族の建造物の一部に限られていた。そうした石造建造物は「石作部《いしつくりべ》」と呼ばれる大陸からの渡来者や、彼らから技術を学んだ者たちがつくった。一方、農の場では、先に見てきたような農民によるその地で生まれた素朴な石垣がつくられていた。ところが近世に鉄砲の伝来によって築城方法が一変し、十六世紀後半の織田信長、豊臣秀吉による国家統一後、城下町の建設が強固な石垣によってつくられるようになると、一気に石積みの技術が発達し、多くの職人集団が育ってゆく。石垣は、

朝倉氏遺跡の土塁
土の起伏のみの土塁が、こんなにも美しい土木構造物となっている。

湧水口の水神と洗い場
岐阜県郡上市八幡町。湧き水利用の場には生活者の感謝の気持ちが反映され、ひとつの造形が生まれている。

防御のための機能を満たしながらも巨大な洗練された構造物として、城郭建築と一体化するようにつくられた。安土城建造の時の石積み技術者集団は「穴太衆《あのうしゅう》」と呼ばれ、その後の諸大名の城石垣師となった。さらに世の中が安定した後は、その役割を終え、地方の土木工事などを担う旅渡りの石工として地着きの石工職人らに技術を伝授した。また彼らの技術は農村部の石積みの姿にも大きく影響を与えていった。

　近世の都市は低地に立地することが多く、大量の物流を担う重要な経路として水の利を生かした濠や運河といった水路網が建造され、都市の骨格を決定する要素となった。水路の護岸は河川のそれとは異なり、荷の上げ下げをする際の接岸のための装置や階段が不可欠で、それらは都市の景観のひとつともなった。名古屋城の堀川は今日その浄化が問題になっているが、海とつながった物資輸送のオープン水路のかたちを今に残している。

　山間の地方の小都市で水路網が発達した例としては、郡上八幡《ぐじょうはちまん》の町があげられる。湧水や谷川、沢から取水された水が大小の水路網によって各家に導かれ、今日にもそのシステムの一部が生活に生きている。たとえば各家の前では「セギ」（水位を上げるための木製の板）を用水に立て、水を側溝に引水し、生活用水として利用している。利用済みの水は再び用水路に戻されて町中の水路に合流し、下流部にある田畑の農業用水として利用された後、最終的には長良川に流される。水路には「カワド」と呼ばれる共同洗い場もある。防火用水、川魚を養う生け簀《す》、冬には雪溶かしの排水路など、生活用水としての利用のほか、庭園の流れや池の水としても個人の家の敷地に引き込まれ、町に潤いある景観をもたらしている。

セギ
水の流れに対してわずかな力の加減によって水利用の場が生まれている。

伊賀上野城の石垣（次頁）
築城の名手といわれた藤堂高虎によって築かれた三〇メートルの内堀の高石垣。

上賀茂神社の社家の石垣と水路（147頁）
京都市。江戸時代に上賀茂神社の神官たちが、社前の明神川の流れに沿って屋敷を構えた。水は邸内まで引き込まれ曲水となり、神事の前の身を清めるための井戸もある。

都市の中での自然の楽しみ、遊び

古来、人は宗教的な場で自然との交信を行ない、食料を確保するために農業という場で徐々に自然に手を加えてきたが、先にも見てきたように、日本の風土や地形、それに伴う水環境、微気象は狭い国土にもかかわらず非常に複雑で多様であった。それゆえ食料生産の場での自然とのかかわり方、対し方、感性は必然的にきめ細やかなものとなり、その読み解きがうまくいかなければ生産性を上げることはできなかった。

生産の場で培われた自然に対するこの感性は、都市のさまざまな文化の中にも時代を超えて受け継がれてゆく。都市の建築は高温多湿の気候に対応し、周りの自然を楽しむために、建物の配置と内外の入り組み方にデザインの重点が置かれた。そうした場所での暮らしは、歌や俳句、物語や随筆などの文学において、自然の移ろいと美に人の心の動きを重ね合わせる表現を生んだ。言い換えれば、文化の中に都市の暮らしにおける人々と自然との交歓の姿を数多く読み取ることができる。

絵画や工芸品には自然の風物が四季折々の表情として繊細に描かれた。また「虫聞き」や「蛍狩り」などの遊びも都市ならではの楽しみ方であろう。「朝顔市」、「ほおずき市」は、庶民でも暮らしの場にわずかな隙間さえあれば鉢植えを育てるなど、自然を楽しんできたことがうかがえる。このように都市の暮らしにおいても自然を身近に楽しもうとする気風をもつ日本だからこそ、古代から近世にかけての公家や武家たちは、生活空間のすぐそばに「自然風景式」と呼ばれるきめこまやかな庭園文化を熟成させてこれたのであろう。

竹河二
『源氏物語絵巻』所収。徳川美術館所蔵。国宝。春三月の玉鬘の邸。坪前栽に花が咲くサクラの所有権をめぐって碁に興じる姉妹の様が描かれている。

文学

奈良時代の終わり頃に編纂された現存する最古の和歌集である『万葉集』は、雑歌、相聞《そうもん》と呼ばれる恋愛歌、人の死を悲しみ歌う挽歌《ばんか》からなるが、その中にはたくさんの植物が読み込まれている。それらは万葉植物と呼ばれ、アシビ、カラタチ、ウノハナ、ワスレナグサ、アカネ、ナデシコ、フジバカマ、ヤマタチバナなど、その数は一五六種にのぼる。八世紀頃の栽培植物の嗜好やその利用法を知ることができる。

春さればまづ咲くやどの梅の花独り見つつや春日暮らさむ　山上憶良《やまのうえのおくら》
我が背子に我が恋ふらくは奥山の馬酔木の花の今盛りなり　作者不詳
山吹の咲きたる野辺のつぼすみれこの春の雨に盛りなりけり　高田女王《たかだのおおきみ》
百済野の萩の古枝に春待つと居りし鶯鳴きにけむかも　山上赤人《やまべのあかひと》

『枕草子』は平安時代に清少納言により書かれた随筆で、一〇〇一年（長保三年）頃の成立とされる。「春はあけぼのやうやうしろくなりゆく山ぎはすこしあかりて紫だちたる雲の細くたなびきたる」と風景の描写から書き出される。宮廷生活を題材に作者の美意識が「をかし」という言葉に集約され、四季や動植物に関しても非常に多くの事柄が作者の機知に富むリズミカルな表現で述べられている。

『源氏物語』は平安時代に紫式部により書かれた大長編物語だが、紫式部は「あはれ」という言葉にその美意識を集約する。「桐壺《きりつぼ》」、「空蝉《うつせみ》」、「夕顔《ゆうがお》」、「若紫《わかむらさき》」、「末摘花《すえつむはな》」、「玉鬘《たまかずら》」、

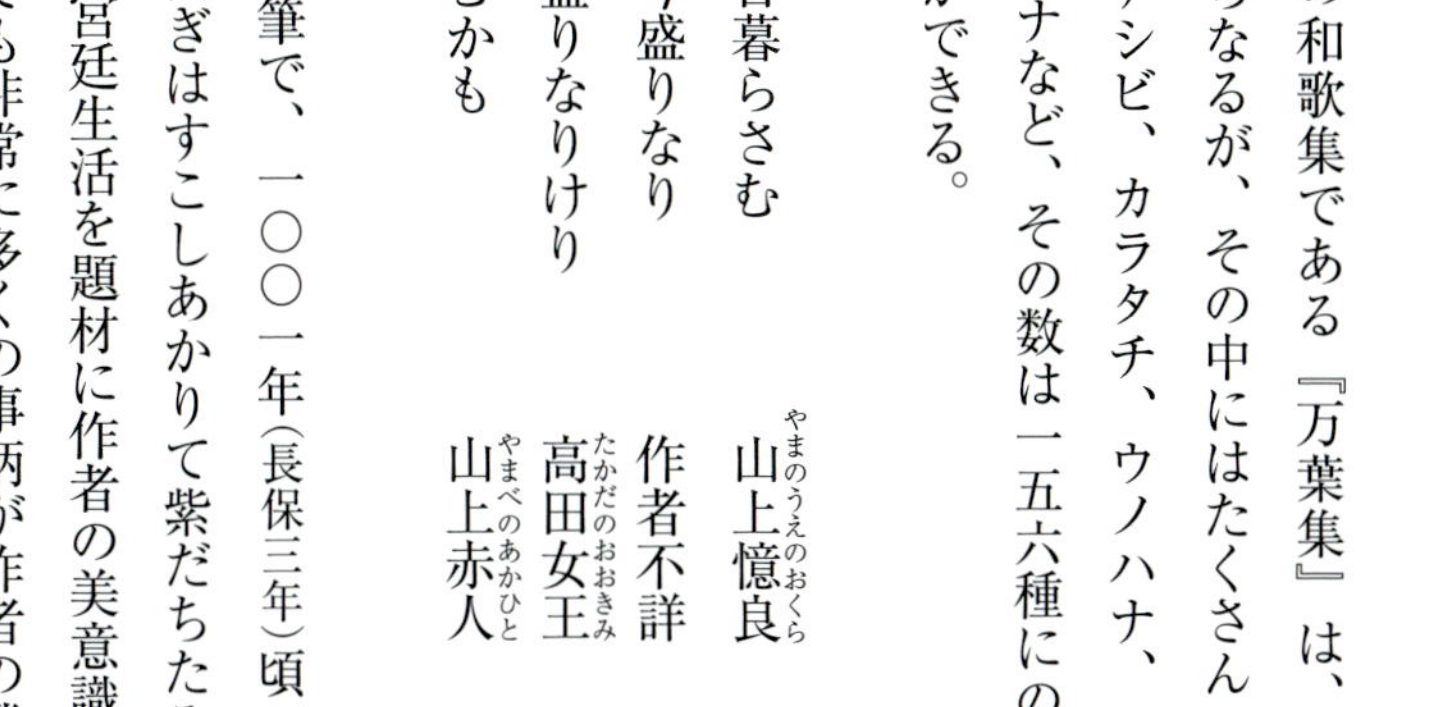

夏秋草図屏風
酒井抱一画。国立博物館所蔵。重要文化財。なにげない可憐な野の草花。ススキ、クズ、ユリ、オミナエシ、ヒルガオ。
Image: TNM Image Archives
Source: http: //TnmArchives.jp/

「花散里《はなちるさと》」、「松風《まつかぜ》」など、各巻の名称と登場人物の多くが自然にちなんだ事象や花の名で名付けらていることに自然との緊密さをうかがうことができる。

室町時代に最盛期を迎えた連歌《れんが》は二条良基《にじょうよしもと》、宗祇《そうぎ》、心敬《しんけい》などの連歌師を輩出し、やはり自然の風物が読まれたが、集団制作によるためひとつの単語の共通のイメージ認識と背景の連想性が求められるという、独特のイマジネーションをやり取りする文化として発展する。近世には井原西鶴《いはらさいかく》、松尾芭蕉《まつおばしょう》の俳諧連歌、さらにはその発句を独立させた俳句という世界一短い詩の様式に至る。

美術・工芸

美術工芸の多くは中国に学びながら「和」と「漢」、「大和画」と「唐絵」というように二項対立的に展開しながら消化融合されてきた。美術と工芸に垣根がなく装飾性の強い、日本独自の発達をする。それらの多くは自然の風物を題材にとった生活空間のしつらえであり、また同時に道具であったため、季節ごとに入れ替えられる。西欧の美術品と大きく異なる扱われ方である。

俵屋宗達《たわらやそうたつ》を祖とし、本阿弥光悦《ほんあみこうえつ》、尾形光琳《おがたこうりん》、酒井抱一《さかいほういつ》などによる「琳派《りんぱ》」と呼ばれる流れの芸術はそうした典型のひとつであり、絵画、蒔絵、陶磁器、染織などに繊細でリズミカルな装飾的技法による作品が数多く生み出された。

八橋蒔絵硯箱
尾形光琳作。東京国立博物館所蔵。国宝。板橋とカキツバタが鉛板や螺鈿の大胆な使用で描かれた光琳蒔絵の白眉とされる一作。

秋草模様小袖(上)
尾形光琳作、東京国立博物館所蔵。ススキ、キク、キキョウ、ハギ、カヤツリグサなどの秋草が描かれている。
Image: TNM Image Archives
Source: http: //TnmArchives.jp/

池坊立花
『都林泉名勝図会』所収。いけばなを愛でる様子。

いけばな

平安の貴族の時代から日本人が日常生活の中で花を愛でていたことは、彼らが花の枝を折って盆や台に乗せて贈ったり、飾ったりすることがはやっていたことからもうかがえる。その後、中国の花瓶に生ける挿花法の影響を受けて立花が誕生し、室町時代には足利将軍義光《よしみつ》が「花の御所」を造営して、「花法楽《はなほうらく》」という花の会を大々的に催すなど、花の文化が成熟していく。この室町期に「同朋衆《どうほうしゅう》」と呼ばれた僧体で阿弥号を称した者たちは歌や茶会、能楽などの文化的行事を司っていた。その中に生け花を専門とする「立花師《りっかし》」と呼ばれる同朋衆もおり、立花師の富阿弥《ふあみ》相伝の「仙伝抄《せんでんしょう》」などを筆頭として花の生け方についての書が多数著された。

近世になるといけばなは、私的な生活の場にも普及し大衆化していく。奥山、里山、庭と引き寄せられた自然は、生け花として室内までもち込まれた。人は生活空間の側に自然を庭として引き寄せただけでなく、室内にまで自然の息吹きをもち込んだのである。

花園

江戸時代も半ばを過ぎた宝暦の頃から、それまでは貴族的趣味とされていた園芸への関心が大衆化し、民営の花園《かえん》が数多く生まれる。江戸では臥龍梅《がりょうばい》で名高い江東亀戸清香庵《せいこうあん》の「梅屋敷」、芝の植木屋久蔵の「牡丹園」、大久保村の「つつじ園」、そのほか「菖蒲園」などがあった。

そうした花園のひとつ「向島《むこうじま》百花園」は、一般庶民が自然を愛好する姿を今に伝えるも

向島百花園
『東都歳時記』所収。草木花の庭が広がっている。

三十六花撰 東都入谷朝顔
千葉県立中央博物館所蔵。まるで現代の園芸ブームのような賑いが伝わる。

のとして、現在にまで当初の利用形態のまま愛され続けている貴重な庭園である。隅田川の東岸に文化文政期、佐原菊塢《さはらきくう》という商人によりつくられ、広さは一万一〇〇〇平方メートルにおよぶ。野に咲く草花を愛でる庭園である。開園当時は「梅屋敷」と呼ばれた梅園であったが、そこに四季の花を植え足し、「秋芳園《しゅうほうえん》」と称するように、特に秋の草花で有名になった。ハギ、ススキ、クズ、カワラナデシコ、オミナエシ、フジバカマ、キキョウの秋の七草が咲き、中でも全長三〇メートルのハギのトンネルは今も訪れる人を楽しませてくれる。

染井や入谷《いりや》の「朝顔園（朝顔屋敷）」では、当時品種改良が盛んに行なわれていたアサガオの鉢植えが陳列即売され、武士から庶民に至るまで珍しい花を手に入れんとし、これらを並べて楽しんだ。花園は見るだけでなく、現代のガーデンセンターのような役割まで果たしていたのである。

花見

農山村での「春山入り」と呼ばれる野遊びを前に見たが、屋外でのこうした花の楽しみ方は、その後の日本人の生活習慣の中で春を迎えるのに欠かすことのできない大切な行事「花見」へとつながってゆく。

江戸初期まで、江戸の花の名所といえば梅であった。「平河天神」、「湯島天神」、「江東亀戸清香庵」などがそうであったのを、徳川八代将軍吉宗《よしむね》の庶民に遊興の場を与えるという花見政策により、王子の「飛鳥山」、品川の「御殿山」、隅田川沿いの「向島」が新たに

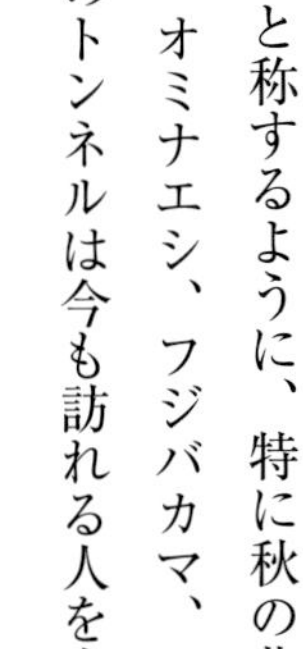

隅田川の図
『江戸名所花暦』所収。多くの人が花見を楽しんでいる。

桜の名所として開発され、「花見といえば桜」となって大衆化する。

虫聞き

歌川広重《うたがわひろしげ》の「道灌山《どうかんやま》虫聞之図」には、当時虫の音が良く聞こえることで有名な「道灌山」で、月を愛で杯を傾けながら虫の音を聞く人々が描かれている。聴覚による生き物たちの生態を季節の風情として楽しみ、生活の豊かさを膨らませるこうした遊びも日本的なものであろう。そのほかにも、たとえば渋谷川が流れていた広尾は湿潤なところで、虫聞きやホタル狩りの場所として有名であった。

道灌山虫聞之図
『江戸名所図会』所収。なんと豊かな都市の暮らしの様子であろうか。

第三章

大陸から伝わったもの

日本の庭園の思想や、その意匠の直接的な源流を探ろうとすると、隣国である中国と朝鮮半島の庭に行きあたる。ただし、中国と朝鮮半島の思想や庭の形態が日本の庭の元のすべてではない。あくまでも二章で見てきたように日本特有の風土の中で育まれた自然観と、それに基づく自然の扱い方が源にあり、その上に隣国の思想と形態がもち込まれ、それらが混ざり合い、日本独自の庭園意匠へと展開したのである。では、日本が参考にした中国と朝鮮半島の庭の姿がどのようなものであったのか、今に残る名園を紹介しながら自然を扱う造形が日本とどのように違うのかを見てゆきたい。

中国、朝鮮半島の庭文化の影響

日本の庭に大きな影響を与えたと思われる中国の庭園の歴史は大変古く、商・周・春秋戦国時代（前一六〇〇～前二二一年）の禽獣を飼育する「苑囿《えんゆう》」がその始まりとされる。秦（前二二一～前二〇六年）の時代には神仙思想が盛んになり、始皇帝は徐福という者に命じて中国大陸の東海に不老不死の仙薬を求めさせ、広大な囿を神仙思想にちなんで営んだとされる。その後前漢武帝（前一四一～前八七年）の時代には長安に置かれた都の王宮につくられた上林苑の「太液池《たいえきち》」に、東海に浮かぶとされる不老不死の仙人の住む蓬莱・方丈・瀛洲《えいしゅう》の神仙島が設けられたという。神仙思想とは、不老長寿への憧れから、自らも神人、仙人となって不老長生を得ようという古代中国において盛んとなった民間信仰であり、後には道教に取り入れられていった。この神仙思想が日本にもたらされ、庭園のモチーフとして繰り返し使われてゆく。

中国の初期「園林《えんりん》」遺構である唐の都、長安や洛陽の宮廷の庭は、発掘によってごく一部が姿を現しているだけで、今だその全容はつかめていない。ただ、ある遺構には、一部にゴロタ石を敷き詰めた曲線の洲浜《すはま》状の護岸と、そこに絡むように景石が設置された姿があり、奈良時代の日本の庭の形状と類似していることが推測されている。

日本では、六三〇年から始まる遣唐使により、中国から多く「園林」の情報がもたらされて日本の庭園の発展の礎になったと考えられる。中でも七〇二年（大宝二年）に日本を発ち七〇四年（慶雲元年）に帰国した粟田真人《あわたのまひと》は、大明宮の「太液池」や首都洛陽の「上陽宮」の自然風の流れや池を見聞し、その情報を日本にもたらしたことは間違いないであろうとされている。曲水の宴の起源も中国にある。東晋の時代（三七～四二〇年）、三月の最初の巳の日に穢《けが》れを祓《はら》った習俗が、三月三日に杯を流して酒を飲み、歌を詠む宴となった。

一方、朝鮮半島の古代庭園は、高句麗、新羅、百済の三国時代（紀元前五七～六七六年）のものが発掘あるいは復元され、明らかになりつつある。たとえば、百済（紀元前十八～六六〇年）の一時的な首都であった熊津《ゆうしん》（四七五～五三八年）の城跡からは建物跡のほか、階段状の方形池などが発掘されている。また、百済からは日本に工人が渡来し、庭園施設を築造した記録が残っている。新羅では『三国史記』に「宮内に池を穿ち山をつくり、草花を植え、珍禽奇獣を飼育した」とある。庭園遺構は近年に復元整備された王宮半月城の別宮「臨海殿《りんかいでん》・雁鴨池《がんおうち》」があり、そのすぐ南に曲水の遺構としてよく知られる「鮑石亭《ほうせきてい》」がある。こうした韓国の庭園遺構と、発掘の進む日本の飛鳥時代の庭園には、多くの類似点を見ることができる。

では、中国と朝鮮半島の庭がどのようなものか、そしてそれらの庭の特徴は日本の庭にどのように受け継がれ、またどのように異なるのかを詳しく見ていこう。

中国の庭

中国の庭は用途によっていくつかに分類される。宮殿前の磚《せん》で舗装された広々とした何もない儀礼のための場「庭《てい》」。中国最古の詩集『詩経』にも記されている皇帝の狩猟場として禽獣を飼育していた「苑囿《えんゆう》」。蔬菜《そさい》を栽培する畑や、果木や実用木（ウルシ、クワなど）が植えられた生産の場「園圃《えんぽ》」。人工的に造園された場「園林《えんりん》」などである。ここでは庭園の意匠という視点からの中国の影響を知るために園林を見てみる。

現在われわれが目にすることのできる園林の多くは明・清以降につくられた私家庭園である「文人庭園《ぶんじんていえん》」と呼ばれるものである。これら文人庭園と、それ以前の中国の庭（直接日本の庭に影響を与えた時代のもの）の具体的な形状の推移はまだ明らかにされていないが、文人庭園も初期園林の流れを大きく受け継いでいると考えられる。

文人とは、大動乱期であった魏晋南北朝時代に政争から身を引き、隠逸して「山水寄情」を求めた「竹林の七賢人」をその萌芽とする。唐代以降に文人的生活の教養のひとつとして官吏、商人らが営んだ邸宅の庭が文人庭園と呼ばれ、庭園で書画、詩、音楽などを嗜んだ。造営の最盛期は明末から清前半であり、蘇州を含む江南地方に数々の名園がつくられた。

文人庭園では、塀で囲われた中に山中の起伏をつくり、竹林や清流、海に見立てた池、造形的な奇岩、珍樹、楼閣などが配置された。石の選定はもっとも重要であり、特に太湖より産出される石灰岩の太湖石《たいこせき》が珍重された。「透《とう》・漏《ろう》・痩《そう》・皺《しゅう》」の条件が整った穴の開いた石がより貴重なものとされた。中でも蘇州にある庭園、留園《りゅうえん》の「冠雲峰《かんうんぽう》」と呼ばれる穴の開いた巨大な太湖石は有名である。
蘇州には、四大名園として北宋時代につくられた「滄浪亭《そうろうてい》」、元の時代の「獅子林《ししりん》」、明の時代の「拙政園《せっせいえん》」、「留園《りゅうえん》」（清の時代に改築）があり、そのほかにも多くの名園が残されている。また上海の「豫園《よえん》」もよく知られている。どれも自然の景を超えようとする演出がなされ、奇岩の石組みや磚や小石の組み合わせによる舗装（花街舗地）の緻密な文様が特徴的である。日本と同じ自然風景式とされる文人庭園であるが、造形にあたっての自然の扱い方は、今日われわれが知る日本の庭とは大きく異なっていることが興味深い。

豫園

明から清の時代にかけてつくられた上海の私家庭園。創建は一五五九年である。四川布政使であった潘允端《はんいんたん》によってつくられた。面積は二ヘクタール。現在、園の門前にある「放生池」や「湖心亭」、「九曲橋」など、観光の場所として賑っているところも、もとは豫園の主庭であったそうである。庭園の中は、亭や楼といった建物や塀の入り組みによっていくつもの空間に区切られており、区切られた小空間は門、塀、石組みや舗装の意匠で密度ある空間をつくり出している。文人庭園はこのように各ゾーンが構造物により区切られることが多く、塀にはさまざまなかたちにくりぬいた「洞門」と呼ばれる門が設けられ、塀そのものも変化に富んだ形状のものが多い。たとえば、豫園には波形にうねった「雲墻《うんしょう》」と呼ばれる塀や、「龍墻《りゅうしょう》」という瓦によって龍の頭部が克明に表現され、塀の天端には龍の体がうねる大変特徴的な塀がある。苑路は「鋪地《ほじ》」と呼ばれ石、瓦、

豫園
鋪地（次頁）
奇岩の太湖石と小石を小端立て瓦で囲った文様の舗装。
龍墻《りゅうしょう》（161頁上）
瓦で造形された龍がうねる。
池に面した堂前の風景（161頁下）
整形のテラスが水に張り出し、意外にも静かな緊張感が漂う。

レンガで緻密なモザイク文様が描かれ、中国庭園らしい密度ある細部意匠が展開されている。

庭園の主景を成すのは何といっても中国独特の石組みである。凹凸の激しい太湖石による石組みをいくつもまとめて配置し、岩の上にも岩が積み重なるように組まれている。ここでは日本の石組みのように斜めに据えられるものはなく、ほとんどが軸を垂直にして据えられている。そのために石組み全体としては意外に整然として見える。

中国の庭は、庭園すべてが過密な造形で埋め尽くされているように感じがちだが、池の水面には余白があり、また小石や磚を密に敷きつめた舗装も平面としての広がりをもっているため、庭園全体において静かな緊張感ある景をつくりだしている。過密な部分と静的な部分が実にバランスよく配置されているのである。

留園

蘇洲四大名園のひとつである。明から清の時代にわたって複数の官僚により所有され、改築を繰り返した文人庭園。清末の一八七六年に官僚の盛康によって現在の姿となる。総敷地は約三・三ヘクタール。庭園は中・東・北・西の四つの部分から成る。中部は中央に池、その南東に建物、北西に築山が配されており、これは「南庁北山」と呼ばれる江南地方によく見られる空間構成となっている。東部には「五峰仙館《ごほうせんかん》」や「林泉耆碩之館《りんせんきせきしかん》」が建ち、後者の裏庭に高さ六・五メートルの「冠雲峰」と呼ばれる太湖石がそびえる。これは江南地方の庭の中では最も巨大なものといわれている。建物の集中する東部にはいくつもの中庭がつくられ、いろいろなかたちをした装飾窓から、庭の緑が額縁に収められたように切り取られる。これは「框景《かまちけい》」と呼ばれる手法である。また庭園の入り口を狭くして正面を塞ぎ期待感をもたせる方法は「障景《しょうけい》」と呼ばれ、この留園に限らず高密度な庭園の景観演出手法として中国の庭園に繰り返し使われる手法である。

獅子林

同じく蘇州四大名園のひとつ。宋時代につくられた風雅な禅林庭園が廃園となっていたものを、一三四二年に天如《てんにょ》禅師が庵を構えたのが現在の庭園の始まりといわれている。明時代に大改造され、太湖石が林立する現在の様相となった。面積は一ヘクタール。主建築である「指柏軒」前の築山に立ち並ぶ奇岩の迫力はほかに類を見ない。しかし、これだけ数多くの奇岩がひしめき合うと雑然とした感も受ける。獅子を模した石が複数組まれた獅子山という築山があることから獅子林の名称が付き、そのほかの石組みも何らかの動物の姿を思わせる形状となっている。

「にぐる石あればおふいしあり」と『作庭記』に書かれたような日本庭園の岩組みのリズムとは大きく異なっていることを実感する。

獅子林の太湖石
大きな穴が開き凹凸の激しい石が名石とされる。

朝鮮半島（韓国）の庭

韓国は三国時代の後、新羅が統一国家として発展する。首都となった慶州《けいしゅう》の離宮には六七二年、唐の園林を真似た広大な池庭、「雁鴨池《がんこうち》（アナプチ）」がつくられた。当時、珍しい植物が植えられ、珍獣や珍鳥が放たれていたという。権力と富によって世界中から珍しい自然を取り寄せ、身の周りに置くことは世界中で初期の庭園に見られる共通の嗜好であった。しかし韓国における自然との対し方や取り込み方は、その後、中国とも日本とも異なるものとなってゆく。庭園としては日本と同じ自然風景式にくることができるが、韓国では李氏朝鮮の時代（一三九二〜一九一〇年）に、儒教の考えに基づいて習俗や住居の構成が決定されたことが、異なる発展を遂げた大きな理由のひとつである。

韓国に残る格式ある民居の多くは、特権階級の「両班（ヤンバン）」のものである。そこでは中国や日本のような観賞庭園として修景された庭園はあまりつくられてこなかった。主屋棟は主婦を中心とする家族の生活領域であり、その前面に付帯する空間は、「主屋庭（アンマダン）」と呼ばれる土を中心とする平庭である。それは作業場であり儀式の場であって、片隅にわずかに草木が植えられた。主屋棟の裏、北側は「後庭（テイマダン）」と呼ばれる。韓国の住居は、風水地理説に従い「背山得水」の地形を選んでいることから、背面は斜面の土止めのために階段状に構成されることが多い。ここは外出がままならない婦女子のための空間であり、下草、果樹などが植えられることもある。こうした高低差のある地形の中で必然的に出てくる段差解消のための石垣を、階段状の花を植えるスペースとし、独特の造園的修景としたものを「花階《かかい》」と呼ぶ。王后が暮らした「昌徳宮《しょうとくきゅう》（チャンドックン）」の「大造殿」と呼ばれる建物の山側の斜面地も花階により四段の四季を彩る花壇となっている。

李氏朝鮮の住居には、中国や日本にあるような観賞用の庭園があまりつくられてこなかったとはいえ、彼らが自然を楽しまなかったわけではなく、花階のように異なる美意識によって建築外部の空間を設えて外部の自然とつなげているように思える。王侯貴族のみに許された「草花墻《そうかしょう》」と呼ばれる文様瓦などを土壁にはめ込み、趣向を凝らしているのも、庭園の意匠として注目すべきものである。草花墻では吉相の文様である植物、日月、山水などの自然を表わし、壁そのものを庭園にしたともいえる。

昌徳宮の「秘苑《ひえん》（ビウォン）」は、自然を自然のままに楽しむことを庭園として結晶させたものであり、この庭を見ていると日本の庭が大変技巧的に思えてしまう。

雁鴨池（アナプチ）

慶州に王宮半月城の「雁鴨池」と呼ばれる広大な池をもつ宮苑が復元整備されている。統一新羅時代の庭園であり、『三国史記』、『新羅本記』には文武王が六七二年に苑池をつくったと記されている。その広さは三・四ヘクタール。池護岸の約三分の一にあたる建造物のあったところの約八〇メートルが、屈曲し加工した堅固な石垣による直線の護岸となっている。残りの護岸は曲線に入り組み、池の中には三つの中ノ島が設けられている。統一新羅以前の百済の庭は、四角い池、つまり方池を基本としていたが、この雁鴨池はこう

雁鴨池(アナプチ)の模型写真

した方形の基本形状に、自然曲線の護岸も併せもつのが特徴的である。

日本の奈良時代以降の池も曲線護岸をもつが、雁鴨池が異なるのは、天端の高さをそろえた加工石により石垣が築かれ水面上に垂直の壁が顔を出していることであろう。その上の土の斜面には景石が組まれている。池の東南にある滝上には二段の水槽が置かれ、水はこの水槽を経由して滝に落ち池に注がれる。この水槽は飛鳥の「酒船石《さかふねいし》遺跡」の導水施設（176頁参照）と大変似た形状をしている。

鮑石亭（ポソクジョン）

雁鴨池の南に「鮑石亭」と呼ばれる小さな曲水の庭の遺構が残されている。八〜九世紀、新羅時代に、王が休息するための別宮につくられた曲水である。これは自然な護岸をもつ日本の曲水と大きく異なり、石を曲線に彫った溝のつなぎ合わせで構成されており、ほかに類を見ない造形である。現在、水は流れていないが、本来は円形の水鉢から流れ出る水が、内法幅約三〇センチメートル、深さ約二〇センチメートル、総数三六石の石渠《せっきょ》の中を蛇行しながら流れ、一周して起点に戻るようにできていた。楕円状の長辺は約五メートルある。

秘苑（ビウォン）

一四〇五年、朝鮮王朝の離宮、昌徳宮の庭園「秘苑」がソウルに造営された。中国、日本のように、自然を抽象化したり縮小したりせず、自然を自然のままに楽しむような庭園の形態をつくり上げた。

王宮半月城の復元（166頁上）
どっしりとした整形の護岸の上に半月城が建つ。

雁鴨池の直線と曲線の護岸（166頁下）

秘苑（前頁上）
伸びやかに放置された自然の林の中の整形の池は、小さくても強い存在感がある。

雁鴨池（前頁下）
自然曲線の護岸が連続する部分。護岸に石組みが成され、まるで日本庭園のようでもある。

鮑石亭の曲水全景（左頁）
巨木の足元に曲水の遺構が残る。

宮殿が置かれたのは山を背景とした風水地理説にのっとる自然の景勝地であり、その全体の広さは四三ヘクタールほどある。王宮外殿の前方に「明堂水（ミヨンダンス）」と呼ばれるせせらぎが、これも風水にのっとって流されており、この流れを二重アーチの眼鏡橋形式の石橋「錦川橋（クムチョンギョ）」を渡って、政の行われる建物群へと進む。宮殿の後ろ側にある秘園への門を潜ると森への散策路に導かれて、森の中に配されているいくつかの池と簡素な建築や亭にたどり着く。「芙蓉池《ふようち》（プヨンジ）」と呼ばれる池のひとつは人工的な切り石の護岸に囲われた矩形であり、自然と人工の対比によって周囲の手付かずの自然をより際立たせる。池には「芙蓉亭《ふようてい》（プヨンジョン）」という正面三間、側面五間の小さな建物が水に半ば浮かぶかたちで建てられており、自然への近づき方を表わしている。この池には二本の自然の水路が流れ込んでいる。

塀や段差処理のための石垣や、階段、池など、「秘苑」では自然との接点となるものが人工の整形的な造形でつくられているが、それらは必要最低限なものであるために、残された自然がよりその魅力を増している。

秘苑（170頁）
方池の出水口。（右上）
排水口の意匠。（左上）
森の中の板状の水落ち口。（左下）

ソウル景福宮の階段（右下）

秘苑の草花墻《そうかしょう》（前頁上）
墻で囲われた空間の中は何もない空間で、囲いにさまざまな意匠が凝らされている。

秘苑の花階（前頁下）
階段状の花壇の中にオンドルの煙突が景色として立つ。

第四章　日本庭園の変遷

庭の主役はこれまで見てきたように「自然」であり、「自然を迎える場」である。人間は自然を都市などの日常生活空間にさまざまにかたちを変えてもち込もうとし、それぞれの時代を風靡した宗教的、思想的、あるいは美的テーマを拠り所にして自然を整え、庭としていった。この章ではまず、庭の歴史を以上のような視点からできるだけ簡単に通観し、次に作庭の背景にあった考え方や作庭技術を著した書物について見てみる。最後に、そうした庭をつくってきた作庭者たちに注目し、庭にまつわる難解さを少しでも解きほぐしていきたいと思う。

日本庭園の歴史を通観して

日本の庭園は七世紀頃から国の事業として大規模に始められた寺院や仏像の造営、それに伴う優れた美術工芸技術の輸入などと相まって、大陸文化の影響を強く受けながら誕生した。そして、都市においても自然と共にあろうとする日本人の自然観を背景に庭園は中国や朝鮮半島のものとは異なる展開を見せていく。その展開の根本には建築様式の変化に対応したものや、その時々の宗教および思想的な意味によるものがある。それらが付加されながら、自然の山と谷と川が入り組んだ景色を限られた空間内に象徴化あるいは凝縮化して再現し、密度ある庭園空間がつくられてきた。それは、アミニズム的神々の宿る自然の部分を組み合わせた理想郷世界の全体像を、視覚的に捉えることができる、また体感できるものとして表現されたものである。

ところで、現在われわれが用いている「庭園」という言葉は明治になって使われ始めたものである。飛鳥時代には大きな池が掘られ、中島がつくられたことから庭園は「シマ」と呼ばれていた。平安時代には建築周りの草花や灌木の植えられた小さな空間は「前栽《せんざい》」と呼ばれ、これが後には庭園全体を指す言葉となった。その後も庭園の性格や要素により、「山水《さんすい》」、「林泉《りんせん》」、「泉水《せんずい》」、「泉石《せんせき》」、「仮山《かざん》」、「築山《つきやま》」、「坪《つぼ》」、「露地《ろじ》」などと、さまざまに呼びならわされてきた。

飛鳥時代

飛鳥時代とそれ以前の庭園については不明な点がいまだ多いものの、『日本書紀』の記載から多少の様子をうかがい知ることができるほか、昨今、庭園遺構の発掘が急速に進み、その実態がより明らかになりつつある。前章でも記したが、『日本書紀』には六一二年（推古二〇年）に百済《くだら》からの渡来人、路子工《みちこのたくみ》が皇居南庭に須弥山《しゅみせん》と呉橋《くれはし》を築造した記事があり、飛鳥時代の庭園が朝鮮半島の百済の文化の影響を強く受けていたことが分かる。また、仏教伝来当時の百済の庭園遺構には、必ず方形の池があり、飛鳥から発掘された「上之宮《うえのみや》遺跡」、「島の庄《しまのしょう》遺跡」など、いくつもの遺構から方形の池が発掘されており、この時代の庭園のあるものは四角いかたちの池を中心とした、祭祀施設と庭園施設の中間的役割を担うものと考えられる。そしてそこには「須弥山石《しゅみせんせき》」や「亀形石槽《かめがたせきそう》」や「酒船石《さかふないし》」など、独特の形状をもつ石造品が伴なっていた。中でも須弥山石は日本庭園で重要なモチーフのひとつとなっていく。古代インドの宇宙像、「九山八海《くせんはっかい》」では「世界は九つの山と八つの海で構成されている」と信じられており、その中心となる山が須弥山であった。庭園の中心石を霊山である須弥山に見立てて据えたのが、その後、日本の築山や石組みの造形へと発展する。この世界観は仏教にも取り入れられ、庭園ではさらに具体的な仏の名があてられ、中心を如来仏、左右を菩薩仏とみる「三尊石組」と呼ばれる石組みの造形となる。

また中国では秦・漢の時代（六～十世紀）、皇帝の庭園に神仙《しんせん》思想に基づく「神仙島」と呼ばれる島が盛んにつくられた。飛鳥時代の後期には遣隋使、遣唐使の往来が始まり、飛

鳥時代の日本の庭園にも大きな池が掘られて中の島がつくられたようである。『万葉集』では草壁皇子《くさかべのおうじ》の邸宅が「勾《まがり》の島《しま》の宮《みや》」と呼ばれ、変化に富んだ海洋風景としての荒磯の浜と、中の島、そこに橋が架けられて園内には鳥獣が放たれている様が歌われている。百済の影響下でつくられた「方池」とは大きく異なる自然風景式の姿がうかがえる。

この時代の代表的な庭園遺構のひとつである「飛鳥京跡苑池《あすかきょうあとえんち》遺構」はその全貌が明らかになったわけではないが、不老不死を願う神仙思想の具現化とされる。この神仙思想に出てくる神島三島のうちの「蓬莱島《ほうらいとう》」が、後に日本庭園意匠の重要な意味付けのひとつとなり、不老長寿と繁栄を願うめでたきものとして尊ばれ、江戸時代の大名庭園にまでも長く受け継がれていく。

この時期の庭園は今日のわれわれが連想する日本庭園と大きく異なる四角い池と、奇妙な石造物を伴なう人工的な形態をしていたものが多く見られ、また一方では自然風景式の姿も垣間見え、まさに日本庭園黎明期と見ることができる。また理想世界の具現という庭の姿を見ることもできる。

奈良時代

七一〇年（和銅三年）に遷都した平城京は唐の都、長安をモデルとした律令国家であり、庭園も唐文化の影響を少なからず受けたと考えられる。庭園のかたちはそれまでの飛鳥の遺跡に見られる手法ではなく、今日われわれが日本の庭として思い浮かべる屈曲した自然

導水施設の亀形石槽（右頁上）
二〇〇〇年に「酒船石」のすぐそばで発掘。砂岩の切石をレンガのように積み上げた矩形の三方の壁に囲まれた中央部に直方体の水槽があり、水はそこから北側に接した小判型の水盤を通って「亀形石槽」に流されるようになっている。

須弥山石（右頁右下）
石神遺跡から出土し、饗宴の装飾装置であったとされる。高さ二・三メートル、直径一・四メートルで噴水のような構造。表面には重なる山並みのような文様がある。

酒船石（右頁左下）
飛鳥時代の代々の天皇の宮殿跡である「伝飛鳥板蓋宮跡（でんあすかいたぶきのみやあと）」の東方の丘の上にある。全長五・五メートル、幅二・三メートル。酒や薬をつくった道具ともいわれているがその用途は定かではない。

形状の護岸と洲浜《すはま》、自然石を組み合わせた石組みをもつ池庭となった。奈良時代の庭園遺構としては「平城京左京三条二坊宮跡庭園」（196頁参照）や「平城宮東院庭園」（198頁参照）などが発掘復元されている。

平安時代

平安時代には、中国の陰陽五行思想から発生した自然の節理を読み解く法である風水説などの影響を受け、日本の自然観も背景として、寝殿造建築とそれに付随するかたちの寝殿造庭園と呼ばれる様式が完成する。寝殿の南には白砂敷きの広場が設けられ、そこは屋外儀式場として朝政や節会《せちえ》、年中行事のほか、射礼、相撲、闘鶏、舞楽などが行なわれた。庭園はまた宴遊の場でもあった。「駒競行幸絵巻《こまくらべぎょうこうえまき》」に描かれたように、南庭の南につくられた池には龍頭鷁首《りゅうとうげきしゅ》の船が浮かべられ、音楽を奏でながらの舟遊びが行なわれた。その庭の形状については、日本最古の造園書『作庭記』に詳しく述べられている。

寝殿造庭園では、曲がりくねった流れが自然形状の池に注ぐ。池は海の景色を模し、そこにはいくつかの「中島」がつくられ、橋が架けられた。こうした水景は涼感の演出であった。遺構として建物と庭の両方が残るものはないため、各種絵巻のほか、江戸時代に著された初の日本住宅史『家屋雑考』（天保十三年）にその姿が分かりやすく紹介されているのを参考にするほかない。

平安時代末期、一〇五二年（永承七年）は釈迦の没後二〇〇一年目にあたり、この世が末

寝殿造庭園図
『家屋雑考』所収。

法の世に入るという説が広まった。貴族たちはその不安から逃れるため、こぞって浄土寺院を建立し極楽往生を願った。阿弥陀浄土仏を祭る仏堂である阿弥陀堂の前面に、浄土をより厳かなものにする装置として池を設け、庭園に極楽浄土を再現した。その庭は寝殿造庭園の様式に浄土宗の意味を加えたものであり、その代表的なものに「平等院庭園」(200頁参照)、「浄瑠璃寺庭園」(202頁参照)がある。また、奥州藤原氏が建立した平泉の「毛越寺庭園」(204頁参照)では、建物は礎石が残るのみだが、すばらしい浄土庭園が修復されている。

鎌倉・室町時代

一一九二年(建久三年)、源頼朝が幕府を鎌倉に開いたことで武家文化が関東に花開き、多くの庭園もつくられたであろうが、残されたものは少ない。この時期の京都の皇室や貴族の住まいであった後鳥羽《ごとば》上皇の「水無瀬殿《みなせどの》」や後嵯峨《ごさが》上皇の「亀山殿《かめやまどの》」などの庭園の多くは寝殿造系の庭園であり、北条実時《ほうじょうさねとき》の菩提寺である横浜の「称名寺《しょうみょうじ》」には壮大な伽藍配置をもつ浄土式庭園がつくられた。

このように多くのものが前時代の様式を踏襲するかたわらで、臨済宗をわが国にもたらした南宋からの渡来僧、蘭渓道隆《らんけいどうりゅう》(一二一三~七八年)は鎌倉に「建長寺《けんちょうじ》」を開き、『大覚禅師省行文《しょうぎょうもん》』を著した。その中で参禅する僧の心構えとして、故事の「登龍門《とうりゅうもん》」を引き合いに出し、滝を飛び越え龍になる鯉に見習うべしとしている。この言葉が禅の教えを表現する「龍門瀑《りゅうもんばく》」と呼ばれる滝の造形となる。後につくられる「天龍寺庭園」、「鹿苑寺庭園」の滝がその好例である。「建長寺」の創建時の池泉庭園は古図にその存在が記されるのみで、今はその姿をとどめていない。

この時期、禅宗は戦乱に明け暮れる武士たちの大きな精神的拠り所となった。禅宗では僧堂での修行に加え、庭園から自然を感知することも重要とされた。庭園の景色は、自然の一部を写すことにより、自然の本質を象徴的に表現するものであった。

禅僧、夢窓疎石は鎌倉時代末期に美濃多治見の「永保寺」（208頁参照）、鎌倉の「瑞泉寺《ずいせんじ》」、甲斐の「恵林寺《えりんじ》」、室町時代初期には京都の「西芳寺」（212頁参照）、「天龍寺《てんりゅうじ》」と次々に禅宗の寺院を開く。それらはいずれも風光明媚でありながら、厳しい自然の力が凝縮したような場が選ばれ、修業の場であると同時に庭園としても整えられた。

一三三八年（暦応元年）、足利尊氏が征夷大将軍となり室町幕府は京都に移る。武家社会の生活様式に合わせ書院造建築が生まれ、それに伴い庭園の形態も変化していく。仏事を中心とした儀式が生活の中で重要なものとなり、観音殿などの建物が住空間に大きな位置を占めて建てられた。こうした邸宅の多くは持ち主の死後、寺院へと変換された。足利将軍義満、義政それぞれの別荘であった「鹿苑寺」、「慈照寺」もそうした例である。書院造に加え、楼閣建築も出現した。「鹿苑寺」は三層、「慈照寺」は二層である。これにより上から見下ろす新たな視点が生まれ、庭園も回遊して観賞するものへと発展していった。

応仁の乱以降、室町時代末期には、禅宗寺院に実際の水を使わずに水のある景を表現する「枯山水《かれさんすい》庭園」がつくられるようになる。南宋画で確立された「残山剰水《ざんざんじょうすい》」と呼ばれる

残山剰水
「夕陽山水図（せきようさんすいず）」、馬麟（ばりん）筆、根津美術館所蔵。残山剰水の水墨画手法の典型。おぼろげに煙る夕陽に遠山が浮かび上がる。余白の多い画面に自然の一部だけが描かれることで、逆にすべてを感知させる。

余白の多い構図手法が禅宗の無の美を求める精神と相まって、枯山水庭園のデザインにも大きく影響を与えた。また、「五老峰《ごろうほう》」、「臥龍《がりゅう》」、「座禅窟《ざぜんくつ》」、「虎渓三笑《こけいさんしょう》」など禅にまつわる故事も庭園の造形へと置き換えられ、その教えが表わされたのである。そして砂紋によって大海が表現されるなど、日本庭園の歴史の中では最も抽象的な表現がなされた。この頃、作庭者の多くは「石立僧《いしだてそう》」（１９０頁参照）と呼ばれる造園に職能を特化した僧侶たちであった。

室町時代末期は幕府の衰退により戦国時代となる。地方の戦国大名の庭園には、厳しい時代を生き抜いた武将たちの意気を感じることのできる、傑出した石組みをもつ庭園が現れる。福井県の「一乗谷朝倉氏遺跡庭園」（２２２頁参照）、三重県の「北畠氏館跡庭園」（２１８頁参照）などがそうである。

安土桃山時代

安土桃山時代には茶の文化が起こり、茶の作法や考えに従った「露地《ろじ》」と呼ばれる庭が成立した。飛石、灯籠《とうろう》、蹲踞《つくばい》などによって構成される小空間での凝縮したデザインの「用」の庭である。こうした露地は「市中の山居」を表現したものであった。日本の庭がそれまでは海洋風景を描いてきたのに対し、ここで初めて山里の風景がモチーフとされた。また、書院造庭園のこの時代における代表的なものには「醍醐寺三宝院庭園」、「西本願寺大書院庭園」などがあり、名石、名木を集めた桃山文化の絢爛豪壮な世界が展開している。

江戸時代

江戸時代になると社会が安定し地方文化が栄え、諸大名の各地の居城と江戸屋敷には「池泉回遊式庭園」がつくられた。庭園は池を中心とし、周囲には生活に必要な建築のほか、いくつかの茶室や建造物が建てられ、建物間を巡る苑路が趣きの異なる露地とされた。主建築と各建築が動線によって機能的に結び付き、単位空間と全体空間の関係も明快に整理された。

この様式の庭園としては、大名庭園に水戸家上屋敷の庭であった「小石川後楽園《こいしかわこうらくえん》」や金沢の「兼六園《けんろくえん》」がある。また、八条宮智仁親王《はちじょうのみやとしひと》の別荘庭園であった「桂離宮庭園《かつらりきゅう》」（224頁参照）は池泉回遊式庭園の傑作といえるであろう。同じく「修学院離宮庭園《しゅうがくいんりきゅう》」（228頁参照）は「借景」と呼ばれる手法が大規模なスケールで用いられたほか、その一画には稲田がつくられ、田植えなどの農耕風景も景観の一要素とされた。

さて、ここまで見てきた伝統的な日本庭園の様式以外に、もうひとつ取り上げておかなければならないのは、住宅に付帯した小さな庭についてである。平安時代には入り組んだ寝殿造建築の合い間に小さなスペースが生まれ、「壺（坪）」と呼ばれた。この建物の入り組みから生まれる空間は、室町時代後期以降「町屋」と呼ばれる都市住宅に通風や採光の庭として定着し、江戸時代中期以降の江戸では庶民の住宅に、趣向を凝らした「坪庭」と呼ばれる庭園として発展していった。

庭園のつくり方を著した書物

今日、庭園が魅力あるものとして注目を集める一方、伝統的な作庭技術は機械化・省力化により失われてしまいかねない状況にある。歴史的庭園の理解にはその時代の作庭技術を知ることが必要であり、作庭技術にこそ、庭園の隠れた本質があるともいえる。作庭についての書物は一般にはあまり知られていないが、実は時代ごとにさまざまなものがある。庭園史を専門とする飛田範夫《ひだのりお》によれば、『嵯峨流庭古法秘伝之書《さがりゅうにわこほうひでんのしょ》』や菱川師宣《ひしかわもろのぶ》画『余景《よけい》作り庭の図』など、写本ごとに名前を変えているものも多いが、そうしたものも含めて約二〇〇冊もの作庭書があるという。江戸時代以前には、後で詳しく述べる『作庭記《さくていき》』や『山水並野形図《さんすいならびにのがたのず》』のほか、禁忌について詳しく述べた『童子口伝書《どうじくでんしょ》』、庭造りの骨格である地割などを解説した『嵯峨流庭古法秘伝之書《さがりゅうにわこほうひでんのしょ》』の四冊。庶民にまで庭が親しまれるようになった江戸時代になると数が増え、『築山山水伝《つきやまさんすいでん》』、『諸国茶庭名跡図会《しょこくちゃにわめいせきずえ》』、『石組園生八重垣伝《いしぐみそのうやえがきでん》』、『築山庭造伝《つきやまていぞうでん》』、『座敷庭石山水伝《ざしきにわいしさんすいでん》』、『露地聴書《ろじききがき》』などが知られる。石の据え方や飛石、植栽配置など実用に即したマニュアル的な説明が多い。

この章では特に『作庭記』、『山水並野形図』、『築山庭造伝』の三冊について見てみよう。さらに少し特殊な例だが、日本の庭を海外に紹介した書『日本庭園入門（ランドスケープ・ガーデニング・イン・ジャパン）』についても少し紹介しよう。

作庭記

日本最古の作庭の書であり、平安時代に関白太政大臣藤原頼道《ふじわらよりみち》の四男、橘俊綱《たちばなのとしつな》（一〇二八〜九四年）によって編纂されたものとの見方が有力である。写本がいくつかあるが、金沢の谷村家所蔵である鎌倉時代の写本が最も古いものだとされている。『作庭記』は寝殿造庭園の時代に書かれ、ここに述べられた作庭思想や庭園構成と、事細かに解説されたディテールは、この後の日本の庭造りのすべてに通じるものである。『作庭記』で重きを置かれているのは石に関する記述であり、文章も石から始まる。

「石を立てん事、まづ大旨をこゝろふべき也
一、地形により、池のすがたにしたがひて、よりくる所々に、風情をめぐらして、生得の山水をおもはへて、その所々はさこそありしかと、おもひよせよせたつべきなり。
二、むかしの上手のたてをきたるありさまをあととして、家主の意趣を心にかけて、我風情をめぐらして、たつべき也
三、国々の名所をおもひめぐらして、おもしろき所々を、わがものになして、おほすがた、そのところになずらへて、やはらげたつべき也」

石や植物を自然形状に近いまま扱う日本庭園において、植物によってつくられる景観の変化はあまりにも大きく、庭園の骨格はおのずと地割と石組みということになる。「石を

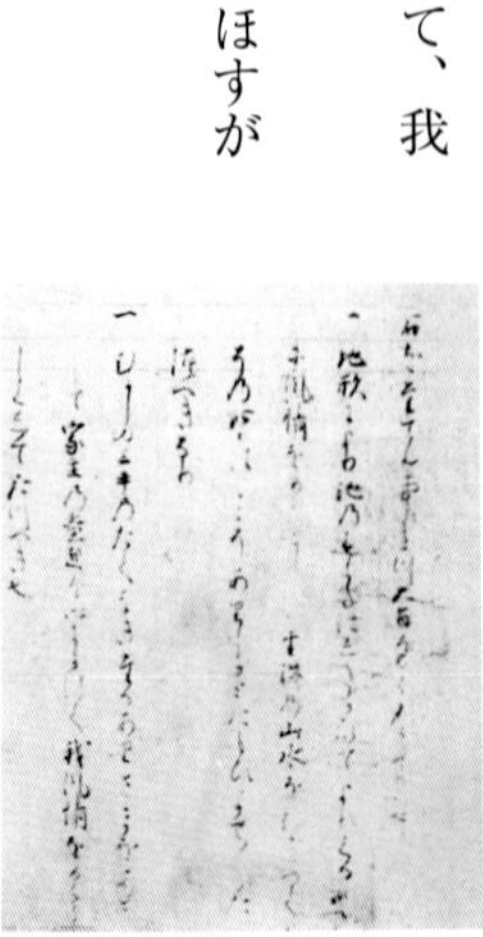

『作庭記』
「石をたてん事」で始まる文字が読み取れる。

立てん事」はすなはち「庭造り」と同義である。このことは、後に作庭者となった禅宗の僧侶たちが「石立僧」と呼ばれることからも分かる。

『作庭記』は文章のみで著され、図解はない。この点は後の時代の作庭書と大きく異なる。そのためか、形式にとらわれることのないつくり手側の心持ちと、それによって創造される形態との関係が書かれており、理念的なことに留まらず、詳細な作庭における技術にも記述がおよんでいる。その意味で日本庭園の本質を読み解くことのできる書ともいえる。自然物を有機的な形状に組み合わせて配置する技術を巧みに解説している内容からは、今日ほとんど失われようとしている技術が読み取れる。では、少しその内容に触れてみよう。

「石をたつるにはやうやうあるべし」として石組みで描こうとする景色を「大海のやう　大河のやう　山河のやう　沼地のやう　葦手のやう等なり」と分類している。石の配置によって描かれる庭の景色が異なってくるので、それぞれの自然の姿を思い描いて行ないなさいと述べている。

「立石口伝《たていしくでん》」の章では、「石をたてんには、まづおも石のかどあるをひとつ立おおせて、次々のいしをば、その石のこはんにしたがひて立べき也」と、まず主石を配しその形状に合わせ次の石を決めていきなさいと書く。「こはんにしたがひて」の意味は、自然を尊重し、材料としての自然の素材と話をしながら、その素材がもつ魅力を、庭として描こうとするその場でどのように生かすか、すなわちその石の欲するところを作庭者が汲み取りながらデザインしてゆくのだということである。まさに日本庭園作庭の本質を言い表わす言葉のひとつである。

また「にぐる石あればおふいしあり、かたぶくいしあればささふるいしあり、ふまふる石あればうくる石あり、あふげる石あればうつぶける石あり、たてる石あればふせる石あり、といへり」。この一文は、石の動きを生き物のように見立てて解説しており大変分かりやすい。

「遣水事《やりみずのこと》」の章では「東より南へむかへて西へながすを順流とす」、「又東方よりいだして、舎屋のしたをとおして、未申方へ出す、最吉也。青竜の水をもちて、もろもろの悪気を白虎のみちへあらひいだすゆへなり。その家のあるじ疫気悪瘡のやまひなくして身心安楽寿命長遠なるべしといへり」。これは四神相応の考えで、流れを北東から南西に流すことにより、吉事をもたらすというものを踏襲しており、庭の構造デザインにかかわる配置を言っている。そのほかにも「島の姿」、「滝」、「泉」、「樹」などについて詳しく述べられている。

解釈するに、『作庭記』では自然をどう読み取って庭にどのように翻訳するかが書かれているのではなかろうか。自然には起伏があり、そこにある風や水は流れるところや滞留するところがあり、抑揚がありリズムがある。生物が独特の生き物としてのシステムをもっているように、大地も変化するものであり、生態的システムを内包する。人間は大地のもつ生態的システム、生命力に従わなければならない。その抑揚のリズムを読み解き、いかに自然の地形との関係で配するかを指し示そうとしたものであり、その摂理に従うための処方を定めたものともいえるのである。

山水並野形図

『山水並野形図』は、室町時代に著された作庭書である。足利義教《あしかがよしのり》時代に室町殿の庭をつくった中任和尚の伝書ともいわれるが確証はない。仁和寺心蓮院《にんなじしんれんいん》に伝わり、現在は加賀前田家に所蔵されている。一四六六年(文正元年)の奥書がある。陰陽五行説や神仙思想に基づいた作庭手法が述べられており、挿絵を交えながら「池の形」、「野筋のありよう」、「植栽」などが記載されている。元来は仁和寺の僧に伝えられてきた書院造庭園の作庭書である。

築山庭造伝

太平の世となった江戸中期は庶民文化が栄え、庶民の間でも庭造りが盛んに行なわれるようになり、これまでの庭園の技術の集大成として作庭の指南書が何冊か出版された。『築山庭造伝』もそのひとつである。一七三五年(享保二〇年)、北村援琴《きたむらえんきん》により著されたものが前編、一八二八年(文政十二年)、秋里籬嶋《あきさとりとう》によるものが後編とされている。前編は過去の作庭書の抜粋的なものである。

庭のつくり方を「山水作りやう方式」と呼び、「凡山水のつくりやうは、第一地形のつもりを肝要とす、是より山水のもやうを割出し、石を建、草木を植て景色を顕すものなり」という書き出しから始まる。内容は「立石陰陽の事」、「草木植所の事」、「たたき土の泉水に魚を育つる事」、「松既に枯んと欲するを生す法」、「松の植やの秘伝」、「木掘やうの事」

築山庭造伝所収の図
真之築山之全図(右頁右)
行之築山之全図(右頁左)
草之築山之全図(右)

など詳細な技術におよんでいる。

後編では庭園をパターン化し、庶民の庭造りのマニュアル的役割を果たした。庭園を「平庭」と「築山」に大きく分け、それぞれに「真・行・草」の三つのパターンを設定し、これら六パターンに「茶庭」を加えて七つのタイプを示している。このパターン化が江戸期以降の庭園の大衆化に伴う定型化につながったとの批判もある。しかし一般の庶民が庭造りをするには大変役立ち、庭園文化の普及に大きな役割を果たしたともいえる。

『築山庭造伝』には『作庭記』以降の造園の技術が詳細に記載されており、失われゆく日本庭園技術の記載として貴重である。庭園にかかわる技術者や研究者が今こそもう一度、詳細に読み解く必要があるのではないだろうか。

日本庭園入門(ランドスケープ・ガーデニング・イン・ジャパン)

イギリス人の建築家、ジョサイア・コンドルによって一八九三年(明治二六年)に書かれた欧米人向けの日本庭園の作庭書。日本語訳は出版されていない。それによれば日本の庭は日本の風景を再現したものとして解説され、独特の哲学により芸術的な休息と調和を生み出すように配慮されている、と述べている。後半部分では『築山庭造伝』などの多くの図版と、日本各地の当時の庭園の写真を交えて具体的な日本の庭の形態についても詳しく解説している。

作庭者たち

庭造りには、今でいえば設計者および現場監督のような、思想やテーマを空間にかたちとして導くことを指示する人と、その指示の下、実際に石を組み樹木を植える技術者たちがいた。もちろん両者を兼ねた職能の人々もいたが、多くの場合、庭はこの二者のやりとりによってかたちを成してきた。最終的な庭のかたちと質には素材の選択や技術者の技量が大きく反映するため、設計図のとおりの前もって意図された形態にはまとまりきらず、現場で不定形な自然素材を扱いながら、設計者と技術者が二人三脚でつくり上げる過程が何よりも重要であった。これは現在の庭造りにも共通する、作庭過程における不思議な性格である。

庭園史の中で作庭にかかわる個人の名が最初にあがるのが、先にも述べた路子工《みちこのたくみ》と呼ばれた芝耆摩呂《しきまろ》という百済の庭園技術をもたらしたとされる渡来人であった。平安時代には、巨勢金岡《こせのかなおか》という絵師が「神泉苑《しんせんえん》」や「閑院《かんいん》」の作庭に携わったと『捨芥抄《しゅうがいしょう》』（鎌倉時代中期頃）に出てくるが定かではない。その後、「石立僧《いしだてそう》」と呼ばれる専門の技術者の足跡には、つくり手と庭の形態の関係がより具体的にうかがい知ることができる。では、作庭作業を牽引し、思想をかたちに置き換えた人、新たな様式を生み出した人、個性あるデザインを展開した人、現場に携わった人々など、庭園の歴史上で重要な役割を果たしてきた作庭者を見ていこう。

石立僧

平安時代後期から鎌倉、室町にかけて禅寺の作庭に活躍した「石立僧」と呼ばれる僧侶たちがいた。貴族たちのあるものは祖先の供養と子孫の繁栄を願って子弟を僧侶にした。彼らは高い教養をもち、自然の本質を庭園に象徴的につくって感知させ、禅の心を伝えようとした。その手法は、南宋の山水画の手法である「残山剰水《ざんざんじょうすい》」とも呼ばれ、余白を多く残し、最低限のものによって自然の原理を表現しようとするものである。琳賢《りんけん》法師や徳大寺法眼静意《とくだいじほうげんせいい》が「法金剛院《ほうこんごういん》庭園」の作庭にかかわったとして『長秋記』（平安末期）にその名が残っている。また『浄瑠璃寺流記事《じょうるりじるきのこと》』（南北朝時代）には浄瑠璃寺改修に少納言法眼《しょうなごんほうがん》という僧が、池辺の石を立て直したことが記されている。

山水河原者

石立僧の下では「山水河原者《せんずいかわらもの》」と呼ばれる技術者が作庭に参加していたようである。その山水河原者とは、室町時代の被差別階級であり賀茂川などの河原に住み、屠殺や雑芸などで糧を得ていた人々のうち、石を組み、植樹をする庭造りの技術者たちのことをいう。足利義政に寵愛されて同朋衆に取り立てられ、「銀閣寺」（２１６頁参照）の作庭にかかわった善阿弥《ぜんあみ》、その息子小四郎《こしろう》、孫の又四郎《またしろう》や小堀遠州《こぼりえんしゅう》のもとで「金地院」（２４２頁参照）の作庭や「醍醐寺三宝院《だいごじさんぼういん》」の作庭に参画した賢庭《けんてい》などがその代表的人物である。

夢窓疎石

禅僧、夢窓疎石《むそうそせき》（国師）（一二七五～一三五一年）は鎌倉時代末期から室町時代初期にかけて活躍した臨済宗の禅僧である。先人たちが直接大陸に赴き、多くの教書をもち帰った時代の後、夢窓は禅宗の教えを国内に根付かせるために尽力した。鎌倉の「瑞泉寺《ずいせんじ》」（273頁参照）、多治見の「永保寺」（208頁参照）、京都の「西芳寺」（212頁・234頁参照）、「天龍寺」などの多くの庭をつくり「煙霞《えんか》（庭園）の癖《へき》あり」ともいわれ、後の枯山水を導いた。一三二七年（嘉暦二年）の創建の「瑞泉寺庭園」は、山裾の凝灰岩の岩盤を利用し、中の島を削り残して池を掘ってつくられている。岩壁には座禅のためのものであったとされる洞窟が掘られて残る。

夢窓疎石の庭園に共通するのは、場所の選択という行為がすなわち作庭であったことである。その選択された場は、同時に自然を体得する禅の修行の場でもあった。平安時代以降につくられた美しい自然の景色を縮景した庭園ではなく、神を迎える造形であった「磐座《いわくら》」（109頁参照）につながるような、自然の核心の部分との対話の場であった。『夢中問答集《むちゅうもんどうしゅう》』では「山水に得失なし、得失は人の心にあり」と説き、「永保寺」や「西芳寺の洪隠山」の枯山水につながる厳しさがうかがえる。また「西芳寺」は室町中期に書かれた『三体詩鈔《さんたいししょう》』にそのすばらしさが記されているように、義満《よしみつ》の北山殿（金閣寺）（214頁参照）、義政《よしまさ》の東山殿（銀閣寺）の作庭にも大きな影響を与えた。

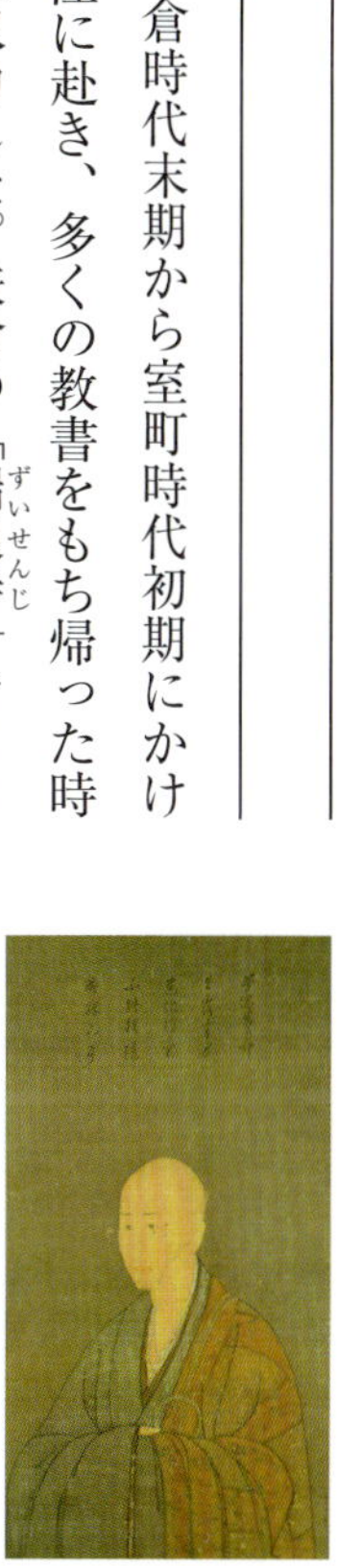

夢窓疎石画像
無等周位筆。妙智院所蔵。重要文化財。

小堀遠州

江戸時代には偉大な作庭者として、小堀遠州《こぼりえんしゅう》（一五七九～一六四七年）が登場する。遠州は、古田織部《ふるたおりべ》没後、将軍家の茶道指南役を務めた。彼は徳川幕府の作事奉行として「南禅寺金地院庭園」（242頁参照）、「二条城二の丸《にじょうじょうにのまる》庭園」、「仙洞御所《せんとうごしょ》庭園」など多くの作庭にかかわった。「きれい寂び」、「遠州好み」と呼ばれる洗練された美の世界を生み出し、それは今日のデザインかと見間違えるほどに斬新だ。遠州晩年の隠居所であった「孤蓬庵《こほうあん》」（252頁参照）とその庭は遠州好みの集大成であろう。千利休《せんのりきゅう》の極みまで削ぎ落とした求道者的な茶の湯空間を、もっと開放的な美術工芸の粋を集めた総合空間として演出したのである。

都市の中で文化として自然を楽しむという美の軸の下に、そのことを演出する道具として、庭や、生花、花器、茶器、軸、書、漢詩や歌、そこに居合わせる人々の衣装までを相互に呼応させ、季節や時間の演出を行なう。遠州によってそれまでの日本文化が、茶の空間の小宇宙ですべてつながりあうものとして集大成されたといえよう。

明治以降の作庭者

明治以降、一般の人々も盛んに庭をつくる時代になり、造園業と呼ばれる職能集団が数多く生まれ、全体デザイン、施工までをも請け負う。その先鞭を切るのが小川治兵衛《おがわじへい》（43頁参照）であり、政財界の有力者たちの庭造りの場で新しい日本の庭の展開を図った。

小堀遠州画像
遠州茶道宗家所蔵。

第五章

庭園の様式

庭園の様式にはまず、建築の様式に対応した分類がある。加えて宗教的背景による分類がある。しかしふたつの異なる分類による解説があることによって、庭の理解が困難となることがある。それを避けるために、本章では純粋に庭園を形態別に五つに分類し、それに沿って代表的な歴史的庭園を解説しようと思う。形態分類は、まず「池庭」、「枯山水庭園」、「露地」である。そして四つ目には、現代の住宅空間につながるスケールのものとして「坪庭」を取り上げる。五つ目には「農の景」をひとつの形態としてあえて設けた。

池庭

水は静謐な表情をもたせることも、ダイナミックなあるいは繊細な動きをもたせることも可能であり、視覚だけでなくさまざまな種類の水音の演出で、聴覚を通して庭園に表情を与えることができる。そして、暑い夏の都市生活の涼感の演出にも欠かせないものである。そうした水は日本の庭園において長らく骨格であり、特に池とその周りの世界を理想の境地として描く池庭が基本形であった。池庭の古いものとして、飛鳥時代の遺構で朝鮮半島の影響を受けた方形のものが発見されている。百済からの帰化人である路子工《みちのこのたくみ》が、皇居南庭（小墾田宮《おわりだのみや》と思われる）に「須弥山《しゅみせん》」と「呉橋《くれはし》」をつくったといわれている。またあるものは、自然形状の池をもっていたようである。庭園は「シマ」と呼ばれ、『万葉集』には四章で紹介した草壁皇子《くさかべのおうじ》の邸宅の池の様子のほか、「御立《みた》たしの島の荒磯《ありそ》を今見れば生《お》ひざりし草生《お》ひにけるかも」（巻二・一八一）などと、庭に設けられた荒磯の海景が歌われている。飛鳥はまさに庭園の黎明期であり、朝鮮半島や中国の影響を受け、方池をもつ庭と自然形状の池をもつ庭の双方が存在したようである。

　奈良時代の池庭は、今日われわれの知る日本庭園の池の形状にほぼ近い「自然風景式」となる。モチーフを海洋風景とし、水際を荒磯や穏やかで自由な曲線の入り組みによって表現する。飛鳥時代には見られなかった「洲浜《すはま》」と呼ばれる石を敷き詰めた護岸をもつようになる。

平安時代には寝殿造建築に伴う池庭の手法と形状が『作庭記《さくていき》』（184頁参照）に「大海様《たいかいよう》」として詳しく記されている。池には中島があって橋が架かり、北東から曲水が流れ込んで西南に流れ出してゆく。この時代、池庭は楽器を奏でて舟遊びをするためのものであったが、末期には浄土思想の意味が付加され、阿弥陀仏を安置したお堂の前に極楽浄土を表わす蓮の植えられた池庭がつくられた。

鎌倉・室町時代の池庭は、書院造建築に付帯して寝殿造庭園や浄土式庭園より規模は小さくなるが、武士の精神を反映して厳しく緊張感のある、あるいは豪壮な護岸の石組みを伴うものとなる。

江戸時代には池庭の集大成ともいうべき「池泉回遊式庭園」へ至る。この様式は主建築の前に池庭が広がり、池周囲の苑路をたどると、深山や水辺が垣間見えるなど、さまざまなシーンが展開する。森の中には季節や自然の風物をテーマとした館、茶室などが建てられ、それぞれの周囲は露地の手法を用いてひとつの独立した小空間にまとめられている。そしてそれらが回遊苑路により全体空間へと連続してゆく。個と全体の関係が、池を中心として明快に整理された空間構成となっている。

このように日本の庭は自然形状の池を中心とし、そこに注ぎ込む流れや中島、対岸の景色のありようを、時代と共に変化、発展させてきたといえる。

平城京左京三条二坊宮跡庭園（奈良時代後期）

この庭園は『日本書紀』、『続日本書紀』、『万葉集』、『懐風藻《かいふうそう》』に詠まれた奈良時代の庭園の全貌を見ることのできる貴重な遺跡である。天平宝字年間（七五七～七六四年）のものといわれるこの遺跡は一九七五年（昭和五〇年）に発見され、その後、発掘調査と整備が進められた。古代庭園遺跡としては大変良好な状態での発掘であり、庭園史上重要な意味をもつものとなった。

平城京は七〇八年（和銅元年）に定められ、わずか七〇年の都であったが中国文化の影響を強く受けた天平文化を花開かせた。東西四・三キロメートル、南北四・八キロメートルの都の北端に天皇の住まいと役所が置かれ、その南西角から約五〇〇メートルの場所にS字型の池泉が発掘された。公的な宴遊施設であり、海外からの使節接待の場であったと考えられる。池の大きさは幅約十五メートル、長さ約五五メートル、水面幅約二から六メートル、深さ二〇センチメートル。水は河川から長さ五・六メートルの木樋により一端北の導水部に貯えられ、ほとんど勾配を付けずに池の水を南に流下させている。

現在、水はポンプで循環されている。池と流れの底に玉石を敷き詰め、流れの曲折点には景石を配してある。小さいながらも凝縮された完成度の高い造形性を感じさせるものである。池の西には掘立柱造りで一重切妻檜皮葺、彩色塗りされ高欄が付いた縁側をもつ建築が配され、池と遠方の春日山、御蓋《みかさ》山を眺めることができた。池護岸は変化に富み、曲水宴が催されたであろうと考えられている。

平城京左京三条二坊跡庭園平面図

庭園全景（左頁）
全長は短いが、屈曲した流れの造形は見事である。

平城宮東院庭園（奈良時代後期）

平城宮は一部東に張り出した一辺約一キロ四方の方形の平面からなり、その張り出し部の南半分が「東院《とういん》」と呼ばれた。その東南隅からこの「東院庭園」は発掘された。庭園全体は東西約七〇メートル、南北約一〇〇メートルで築地塀《ついじべい》と板塀で囲われていた。遺構からは奈良時代前期の池庭が確認され、それが後期に大きく改修されたことが分かっている。前期の池は南から見ると比較的単純な逆L型をし、多少の汀線の入り組みをもつ。汀線脇の池底は平たい玉石が敷き詰められていたが、一部は石積みの護岸となっており、飛鳥時代の方池の名残りも見られる。

今日の復元整備された池庭は後期の状態で整えられており、前期の池の形状に加え、大きく緩やかに屈曲した汀線によって出島や岬、入り江が設けられ、よりのびやかな印象で、後の日本庭園の基本になるような自然な池のかたちに変化している。池の北西岸には露台《ろだい》が水面に張り出した中央建物があり、東岸に向けて平橋が架かる。池の北側には反橋《そりばし》が北東の建物に向けて架かっている。護岸には玉石が洲浜状に敷き詰められ、北の出島の一部には集中して石が組まれている。植栽はアカマツ、ヒノキ、ウメ、モモ、センダン、アラカシ、サクラ、ツバキ、ヤナギ、ツツジなどがあったと推測されている。

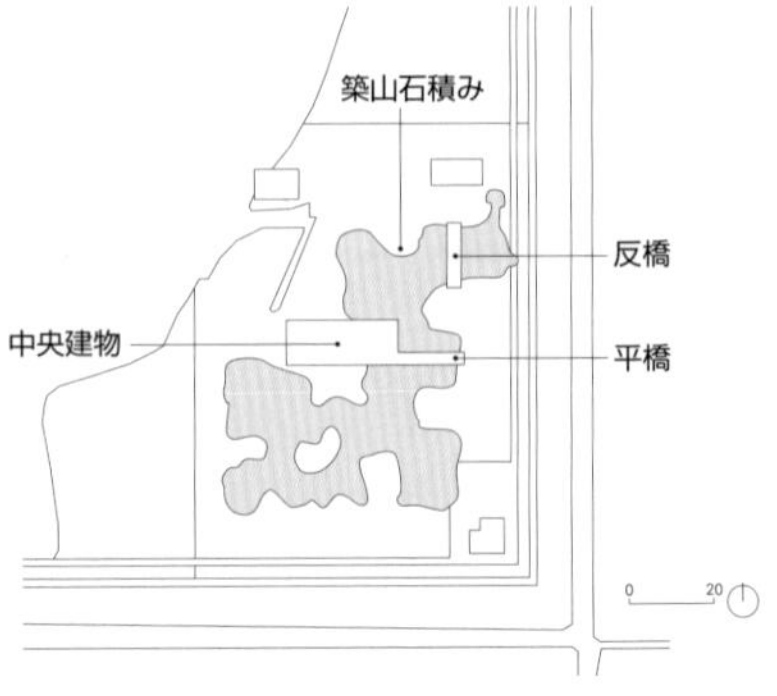

平城宮東院庭園（後期遺構）平面図

築山石組み（左頁上）
石が一か所に集中して組まれている。

洲浜（左頁下）
穏やかな曲線が水際を縁取る。

平等院庭園（平安時代中期）

平安時代中期以降、貴族の頽廃没落と仏教の末法観念が結び付き、現実世界から逃れ出て阿弥陀仏を信じれば、仏の住む浄土へ行けるとする浄土思想が急速に広まる。この思想の具現として仏堂とその前の園池によって極楽浄土を表現したものを「浄土式庭園」と呼んでいる。

平等院庭園は藤原道長《ふじわらみちなが》の長子、藤原頼通《よりみち》が父より伝領した宇治の別業を、末法の初年とされた一〇五二年（永承七年）に寺として造営し、西方浄土を表現した「浄土式庭園」である。東側から西に向かって池と池越しの阿弥陀堂を眺める構成になっている。現在は侘びた色合いになっているが、当時は東の朝日山から昇る太陽の光が、羽を広げた鳳凰の姿に見立てられた朱塗りの阿弥陀堂（鳳凰堂）を真正面から照らし、まさに極楽浄土の景が現出したであろうと思われる。彼岸の中日には仏師定朝《ぶっしじょうちょう》作の阿弥陀如来の設置されている方角に日が沈む。如来の周りには五二体の「雲中供養菩薩《うんちゅうくようぼさつ》」が飛翔し壁面を飾る。一九九八年（平成十年）より、発掘調査に基づいた洲浜部の整備が行なわれ、現在では作庭当初の姿を思い描くことができるようになった。

宇治川の川石が幅広く敷き詰められ、緩やかな曲線を描く洲浜は、阿弥陀堂（鳳凰堂）と水面の関係を美しく際立たせている。洲浜の中、御堂の正面に立つ灯籠（３００頁参照）は火袋が二枚の石で構成された特殊なもので、庭園全体の中心性をより強調する造形の要になっている。

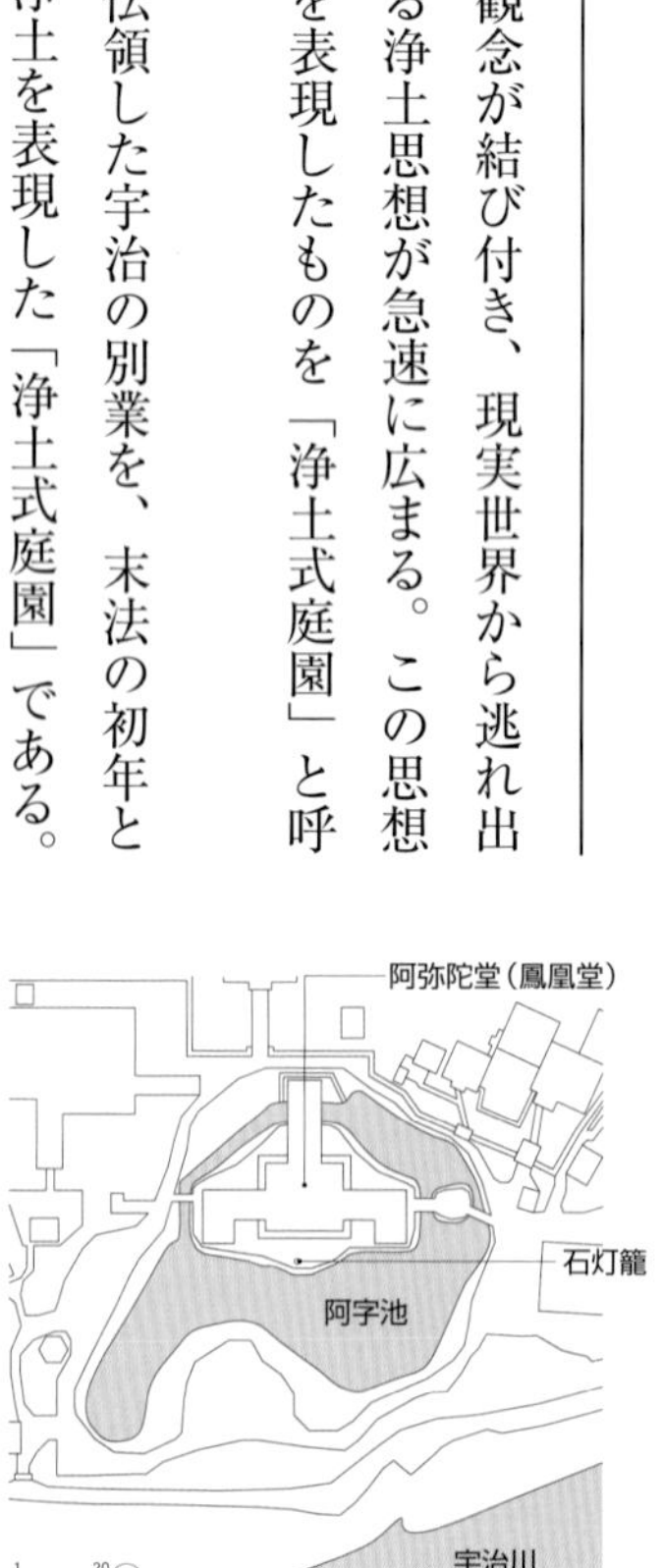

平等院庭園平面図

阿弥陀堂を正面から望む（左頁上）
正面に平等院型灯籠が立ち、建築の中心性を庭園部にまで広げている。

阿弥陀堂（鳳凰堂）と洲浜（左頁下）
見事に整備、復元された洲浜。

浄瑠璃寺庭園（平安時代末期）

奈良の北東、京都府木津川市加茂町に位置する浄瑠璃寺《じょうるりじ》庭園の創建は『浄瑠璃寺流記事《じょうるりじるきのこと》』によると一〇四七年（永承二年）、当麻寺《たいまでら》の義明上人《よしあきしょうにん》を本願として阿弥陀堂が建立されたのに始まる。建築の配置などは幾度もの変遷を経ているが、現在見られる姿は敷地の中央に蓮池が掘られ、その西側の浄土に見立てた方角に、九体の仏像を納めた阿弥陀堂が建立された「浄土式庭園」となっている。池をはさんで東には薬師如来を安置する三重の塔が建ち、東西の軸線の上の三重の塔と、灯籠、阿弥陀堂がほぼ一直線に並ぶ。池の中央、やや南よりに中島があり、洲浜が設けられ、東西の軸線上には立石が配されている。自然形状の池をもちながらも、庭の主要なポイントとなるいくつかの工作物と建物がひとつの軸線上に配置されている単純な構成で、庭園と建築が見事に空間として一体化している。春と秋の彼岸の日、太陽が東の三重塔から昇り西の阿弥陀堂に没するという。東の彼方の瑠璃光に満ちあふれた瑠璃光浄土にいる現世救済の薬師仏に、現生の苦悩を聞き届けてもらい、振り返って衆生の死後を受け入れてくれる阿弥陀仏に浄土への来迎を祈願する構成となっているという。一九七六年（昭和五一年）の発掘調査により中島の洲浜や立石、池周辺のさまざまな場所から石組みなどが確認され整備された。日本庭園が中島のある自然形状の汀線をもつ池庭としてより複雑に展開してゆく初期のものであり、形状と意味が示す単純な構成が興味深い。

浄瑠璃寺庭園平面図

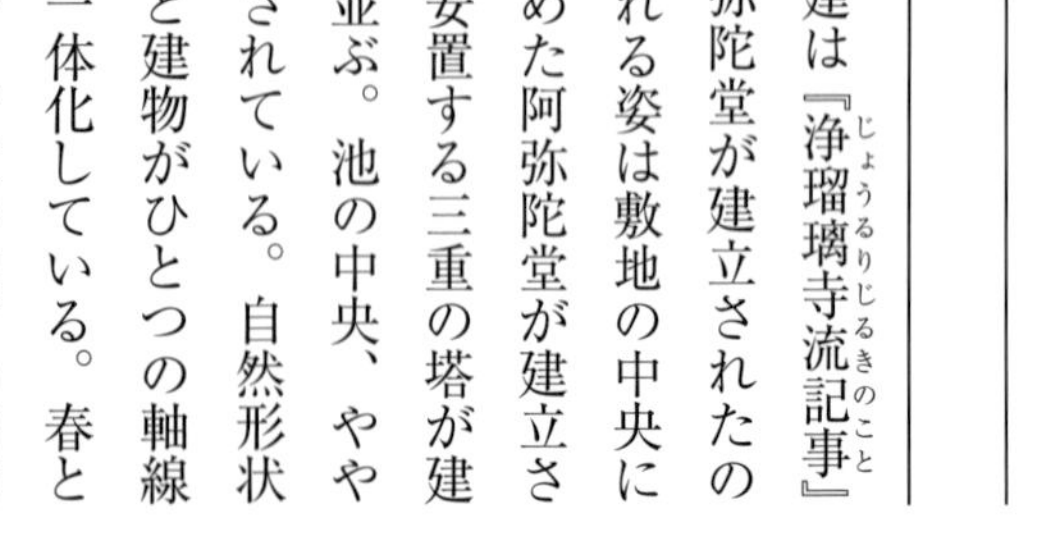

池越しに見る阿弥陀堂（左頁）
阿弥陀堂と池の両側に立つ灯籠が一列に並ぶ。

毛越寺庭園（平安時代後期）

藤原清衡《ふじわらきよひら》、基衡《もとひら》、秀衡《ひでひら》によって奥州平泉に建立された毛越寺《もうつうじ》の「浄土式庭園」。八五〇年（嘉祥三年）の建立とされ、秀衡の没した一一八七年（文治三年）まで栄えたと考えられる。南から北に向かって南大門、池、金堂、山という構成で、寝殿造風の堂宇《どうう》（金堂）の前に広がる「池庭」であった。現在、広々と広がる池の対岸の西に「開山堂」、東に「常行堂」のふたつの小さなお堂が建ち、残りの建物は礎石が残るのみである。庭園部は池と曲水、石組みが修復整備されている。「黄金花咲くみちのく」の栄華が消え去った後の姿は、きりりとした緊張感と侘びた風情を同時に併せもった今日の姿になっており、感慨深い。

池は「大泉池《おおいずみがいけ》」と呼ばれ、東西約一六〇メートル、南北六〇メートルにおよび、浄土曼荼羅《まんだら》の七宝池《しっぽういけ》を表わす。現在は失われているが、南大門から中島、金堂へは橋がまっすぐに架けられ、渡り終えると浄土の地に入る演出がなされていた。池の南中央よりやや東に位置する池中の小島の石組み群は、高さ約二・五メートルの斜めに屹立する主石を中心として組まれ、それらが表わす荒磯の景は、護岸石との対比も含め、広がりをもつ池面にすばらしい力強さと緊張感を与えている。特に主石は、このたった一石で庭園全体をひとつにまとめ上げており、その据え方は数多い日本庭園の石組みの中でも、最も印象深く傑出したものではないだろうか。

曲水は「弁天池《べんてんいけ》」から緩やかな起伏の芝生地の中を、まさに『作庭記』で示されたように北東から西南に流れ、その所々にも小さな景石が絶妙なバランスで組まれている。

毛越寺庭園平面図

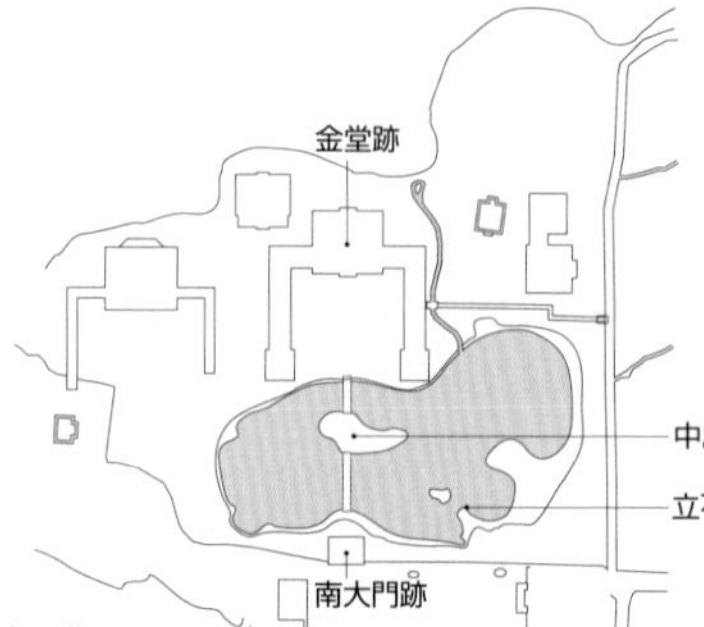

西側の護岸石組み（左頁上）
護岸の一部に集中して石が組まれている。

曲水（左頁下）
細い幅を屈曲しながら流れる。

池中の主石と周囲の石組み
（206-207頁）
石組みの白眉ともいえる。庭園のすべての空間を支配するかのようである。

永保寺庭園（鎌倉時代）

多治見の虎渓山《こけいざん》「永保寺《えいほうじ》」は臨済宗の古刹である。土岐《とき》川の河畔近くの谷の底に建つ。夢窓疎石《むそうそせき》（191頁参照）の作庭とされるが、彼がこの寺に入った鎌倉末期に近い一三一三年（正和二年）より以前に、土岐氏により池庭がつくられていたともいわれる。『夢窓国師年譜』（一三五三年）には、彼がこの地に巡り合った時のことが次のように残されている。「四隣数里に人家なく、山水の景物、天に図画《とが》を開くが如く幽致で大いに意にかなった」。場を選ぶことがすなわち庭造りであることを知らされる記載である。庭の主景は池の背面にそそり立つ巨大な自然の岩盤から流れ落ちる幾筋もの水である。何もつくらず、既にそこにある自然の風景が切り取られ、庭に仕立てられている。『太平記《たいへいき》』（一三七二年）には「庭前おのづからなる岩盤を用い自然の美景更にいわん言の葉もなし」とある。こうした手法にはまさに禅の姿が垣間見えるようだ。

岩盤の東には夢窓疎石が開創と同時に建てたといわれる鎌倉時代の禅宗建築である「観音堂」が建つ。「水に月の映るがごとく願望成就せん」と祈願したことから、「水月場《すいげつじょう》」とも呼ばれる。中島に向かっては庭園の重要な景色となる「無際橋《むざいきょう》」と呼ばれる木橋が架かるが、これは屋根付きの腰掛けを中央に設けた特徴ある橋で、彼岸へ衆生を渡らせるという浄土的な意味をもつ。岩盤の上には茅葺の六角堂「霊擁殿《れいようでん》」が建ち、流れ落ちる水はその後方から導かれている。また土岐川対岸には「瑞霊岩《ずいりょうがん》」と呼ばれる巨石が積層してそびえ、川中の巨岩や両岸の景までもが夢窓疎石の選んだ庭であることを強く感じる。

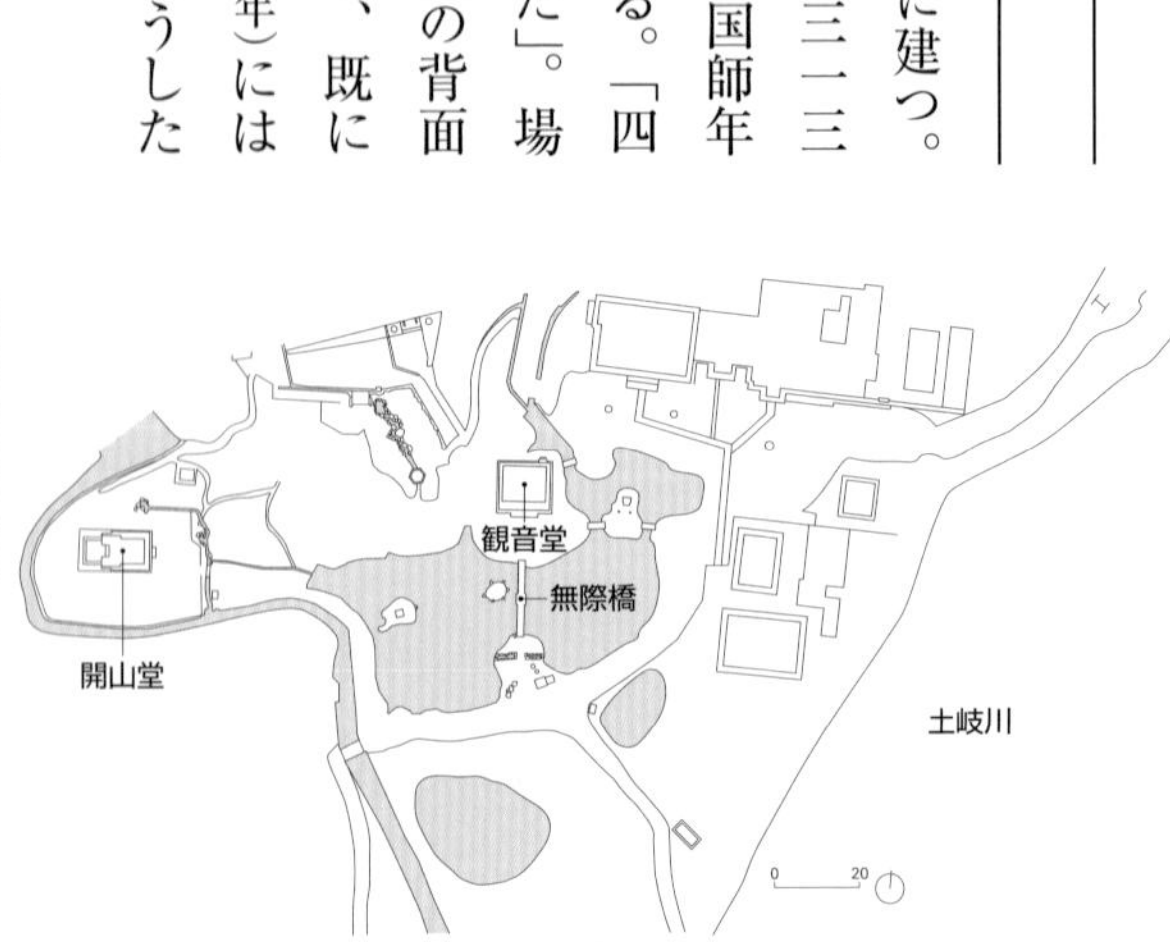

永保寺庭園平面図

水の流れ落ちる岩盤（左頁）
そこにあるものに一手だけ加えて自然を人間の側に引き寄せる。背後から水を流している。

無際橋と岩盤の上に建つ六角堂（210-211頁）
空間構成の骨格のすばらしさがこの角度からよく分かる。

西芳寺庭園（南北朝時代）

足利幕府の重臣摂津親秀《せっつちかひで》が一三三九年（暦応二年）夢窓疎石を招き、既にあった浄土宗の寺を禅宗の寺院として復興したもの。『碧巌禄《へきがんろく》』にある禅の理想郷を再現しようとしたものである。

庭園は大きくふたつの部分、「池」を中心とする庭と、山腹にある「指東庵《しとうあん》」脇の枯山水の庭に分かれる。池庭は既につくられていた浄土式庭園に手を入れたものであり「黄金池《おうごんち》」と名付けられ、この周囲には現存する「湘南亭《しょうなんてい》」をはじめとして、今はない仏殿や楼閣建築、橋舟屋などが配されていた。後世の「北山殿（金閣寺）」、「東山殿（銀閣寺）」の庭園にも大きな影響を与えたといわれる。

日本の庭を「縮景式」という言葉で表わすことがある。ここでもさほど広くはない空間の池庭の護岸を屈曲させ、また入り組ませ、多様な変化をもたせて実に巧みにスケールを操作している。ところが、多くの建築が失われたことで見通しが利き過ぎてしまい、庭との入り組みから生み出されるスケール感の錯覚も失われてしまった。であるからこそ、護岸曲線の技巧に気付かされてしまうのだ。

今では庭園全面を絨毯のように苔が覆い、「苔寺《こけでら》」として多くの人に親しまれている。水面と護岸の入り組み、苔の起伏、樹木の垂直に細く伸び上がる姿。水面に浮かぶように所々に配された岩組みはさほど大きくはないが角が立ち、半ば荒れた庭園にきりっと小気味よく強いタッチでリズムを刻み、まるで枯淡な水墨画の世界を見るかのようである。

西芳寺庭園平面図

夜泊石《よどまりいし》（左頁上）
旧方丈への橋杭石（はしぐいいし）ともいわれる。若木と苔が覆い盆栽のような自然の縮小の景がそこにある。

黄金池護岸（左頁下）
護岸石は、小さな石ではあるが空間を引き締めている。

鹿苑寺（金閣寺）庭園（室町時代前期）

三代将軍足利義満《あしかがよしみつ》（一三五六〜一四〇八年）によって営まれた「北山殿」、通称「金閣寺」。庭園の池は、義満がこの地を取得する一三九七年（応永四年）以前の西園寺公経《さいおんじきんつね》時代にその骨格が成されていたとされる。義満の死後、法号をとって「鹿苑寺《ろくおんじ》」とされた。

門の前にある一文字の「舟形手水鉢《ふながたちょうずばち》」はその大胆な矢跡が意匠となっていて見事である。庭は三層楼閣の「舎利殿《しゃりでん》（金閣）」を中心としており、一層目は寝殿造、二層目は書院造、三層目は中国風の禅宗仏殿造という階層ごとに異なる建築様式をもち、上部二層には金箔が貼られている。この舎利殿の前に「鏡湖池《きょうこち》」と呼ばれる池が広がり、金箔は水面の光を室内で反射させる。舎利殿の足元には直線の護岸があり、後の「桂離宮」（２２４頁参照）のそれを思わせるモダンさがある。「鶴島」、「亀島」や、「九山八海《くせんはっかい》」が表現された岩組みが、静かな水面が広がる池の中や護岸に組まれている。

「出島」と「中島」には垂直線を強調したアカマツが何本も立ち、池の水面の水平方向との対比が美しい。護岸は苔の地模様が直接水面に接するように木杭などで保護された部分が大半を占める。そのため要所だけに限られた護岸石組みは、その造形性を静かに強調する。これは「慈照寺《じしょうじ》」（２１６頁参照）の池護岸がすべて石組みによって連なるのとは大きく異なる。「鏡湖池」の北、苔の中を巡る曲水の脇から山に登ると、「安民沢《あんみんたく》」と呼ばれる沼が林の中にひっそりとあり、その中島には五層の石塔が建つ。さらに西に歩を進めると金森宗和《かなもりそうわ》好みの茶室「夕佳亭《せっかてい》」が建ち、その前には富士型の手水鉢が置かれている。

鹿苑寺庭園平面図

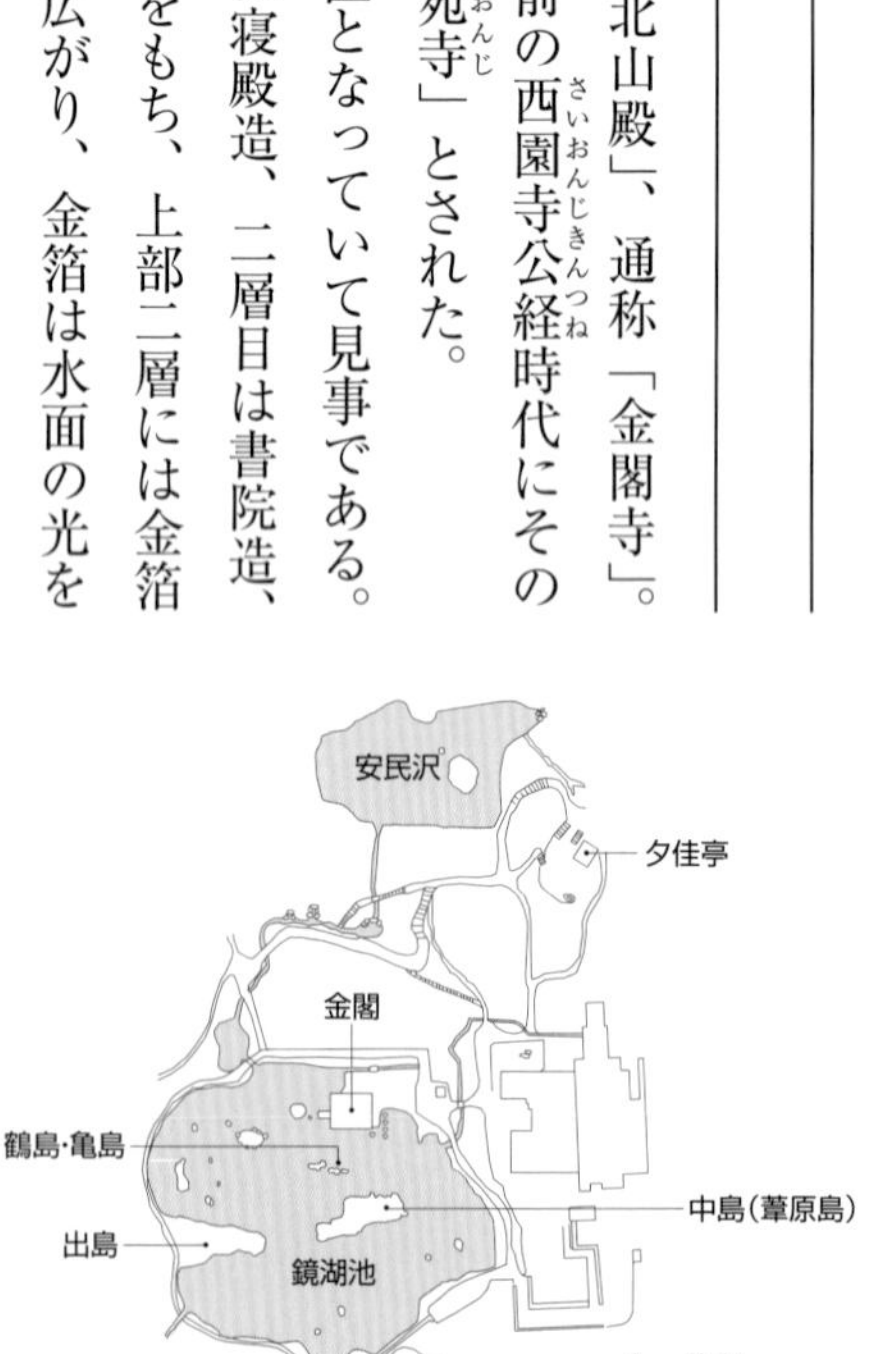

鏡湖池に姿を映す金閣（上）

鹿苑寺庭園の全景
『都林泉名所図会』所収。

慈照寺（銀閣寺）庭園（室町時代後期）

八代将軍義政《よしまさ》（一四三六〜九〇年）の「東山殿」、通称「銀閣寺《ぎんかくじ》」。月待山、大文字山を背にした場所に、八年の歳月をかけてつくられた。庭はまさに東山の山の端に昇る月の光をテーマとしている。山荘は義政の死後禅寺となり、法号から「慈照寺《じしょうじ》」とされた。義政は夢窓疎石を崇拝し、「西芳寺庭園」への想いが濃く表われているとされるのが、「観音殿（銀閣）」と「東求堂《とうぐどう》」の前に広がる池庭である。

「観音殿」は宝形造柿葺《こけらぶき》二層の楼閣で、「西芳寺瑠璃殿《るりでん》」を模したといわれる。和風住宅に禅堂を載せたかたちとなっており、頂上に銅の鳳凰が飾られている。「東求堂」は義政の持仏堂であり、北側の「同仁斎《どうじんさい》」は四畳半の部屋で、付書院と違棚があり書院および茶室の起源とされる。池の護岸石は非常に堅固なリズムをもって組まれており、護岸石の天端《てんば》は平らに据えられ、緊張感がある。「泉石の名手」といわれた山水河原者《せんずいかわらもの》の善阿弥《ぜんあみ》の子、小四朗《こしろう》、孫の又四朗《またしろう》が作庭にかかわったとされている。

「慈照寺」はその後の戦乱で荒廃するが、慶長二〇年（一六一五年）、宮城丹波守豊盛《みやぎたんばのかみとよもり》により復興された。現在、方丈前には江戸時代の作ともいわれる「銀沙灘《ぎんさだん》」と「向月台《こうげつだい》」という、ほかには類を見ない斬新で大胆な抽象形の白砂の山と円錐形の台が築かれている。これらは月光を反射する装置としての造形であると考えられている。池に導水している白川の土砂が庭内で堆積し、これを浚渫《しゅんせつ》した白川砂を転用したもの、あるいは敷砂の予備を造形化したものと推察されている。

慈照寺庭園平面図

観音殿より見た全景（上）
方丈と東求堂の前に銀沙灘と向月台の白砂が広がる。不思議な抽象の造形。

慈照寺庭園の全景
『都林泉名所図会』所収。

北畠氏館跡庭園（室町時代末期）

三重県津市美杉村の北畠《きたばたけ》神社の境内に残されている北畠氏《きたばたけし》の館の庭園である。北畠一族は二百数十年間におよび伊勢国司として栄えたが、一五七六年（天正四年）信長により滅ぼされ、館は消失した。北畠氏は村上源氏《むらかみげんじ》の流れを汲む公卿の名家であり、親房《ちかふさ》は後醍醐《ごだいご》天皇の信任厚く、南朝の中心人物であった。

庭は一五三〇年（享禄三年）十二代将軍足利義晴《あしかがよしはる》と共に湖西の朽木《くつき》に逃れていた幕府の官領細川高国《ほそかわたかくに》が、援軍を求めて娘婿の七代北畠晴具《はるとも》を訪れた滞在中に作庭したと伝えられる。現在の神社は北畠親房、顕能《あきよし》、顕家《あきいえ》を祭り、寛永年間（一六二四～四四年）に国司館跡に建てられたものである。

庭の広さは約二八〇〇平方メートルと、さほど広くはない池庭である。モミジの古木が林となっているほか、樹齢数一〇〇年を超えるスギの巨木が東端の築山の上に立ち、庭園の垂直方向にも時代を経た奥深さが漂う。

池は米の字型に複雑に入り組んでおり、護岸石組みは戦国武将の骨太な、荒々しい気性が伝わるような豪放なものである。石組みの中では秀逸なものの筆頭にあげられるのではないだろうか。特に中央部「切石橋《きりいしばし》」西の池護岸の入り組みや、その大小の石の力強さと配列のバランスは絶妙である。庭園西の築山の足元に渦巻き状に組まれた石組みも、組み方としては特殊なものだがすばらしい（293頁参照）。中央の主石は高さ約二メートルの立石であり、その周りにも動きのある配石が成されている。

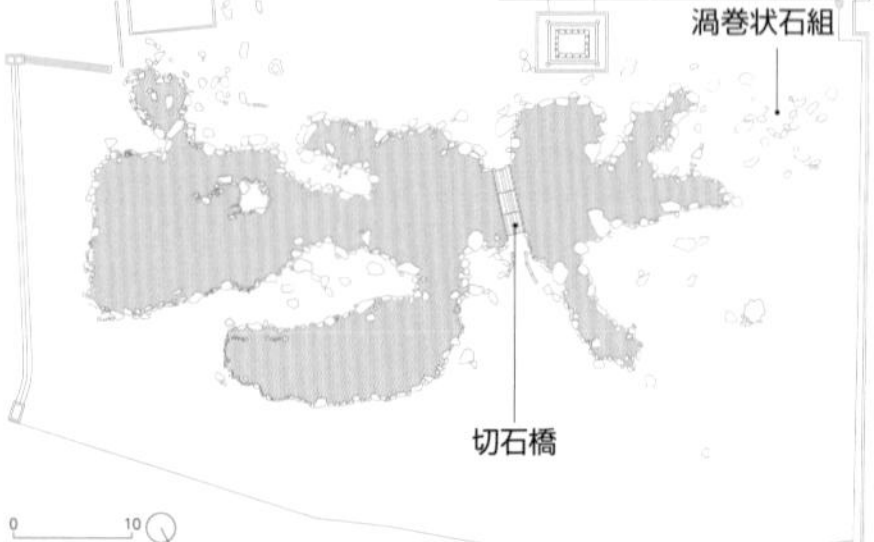

北畠氏館跡庭園平面図

池の南西より望む池護岸石組みと切石橋（左頁上）
見事な石の力強いバランスである。

池北東部からの庭の景（左頁下）

旧秀隣寺庭園（室町時代末期）

室町時代の終わりに十二代将軍足利義晴は京都を追われ、一五二八年（享禄元年）から一五三一年（享禄四年）まで滋賀県高島市の朽木《くつき》氏の館に滞在した。その際に将軍を迎えるため、幕府官領であり文人であった細川高国が作庭したといわれる。朽木氏の館はその後、一六〇六年（慶長十一年）、「秀隣寺《しゅうりんじ》」となるが焼失。享保年間に朽木氏の菩提寺「興聖寺《こうしょうじ》」がこの地に移転してきた。庭は現在「興聖寺」の一角にある。

庭園の広さは約七七〇平方メートル。北東部のヤブツバキの巨木の足元に小さく、しかし力強く滝石組みが組まれ、池の中央の青石の石橋をはさんで南に「鶴島」、北に「亀島」が配された曲水の庭となっている。左右二〇メートル前後の小規模な庭園であるが、バランスの取れたその力強い配石は絶妙で、背景の谷の風景の中に浮かび上がり、歴史の経過を美しく感じさせる。老木のモミジの前に絡まるようにある「鶴の羽石」は高さ一・八メートル、長さ二・三メートル、厚さ六〇センチもある平たい巨石であり、この両者の絡みがこの小さな庭の力をとてつもなく大きなものにしている。

この庭の石組み全体からは北畠氏（218頁参照）や、後の朝倉氏の庭園（222頁参照）にも共通する戦国武将たちの明日をも知れぬ運命を背負った気迫が込められているのが伝わってくる。小さな庭でありながらも雄大な背景の谷と山並みを従えるような力強さをもつ、絶品と言える一作ではなかろうか。

旧秀隣寺庭園平面図

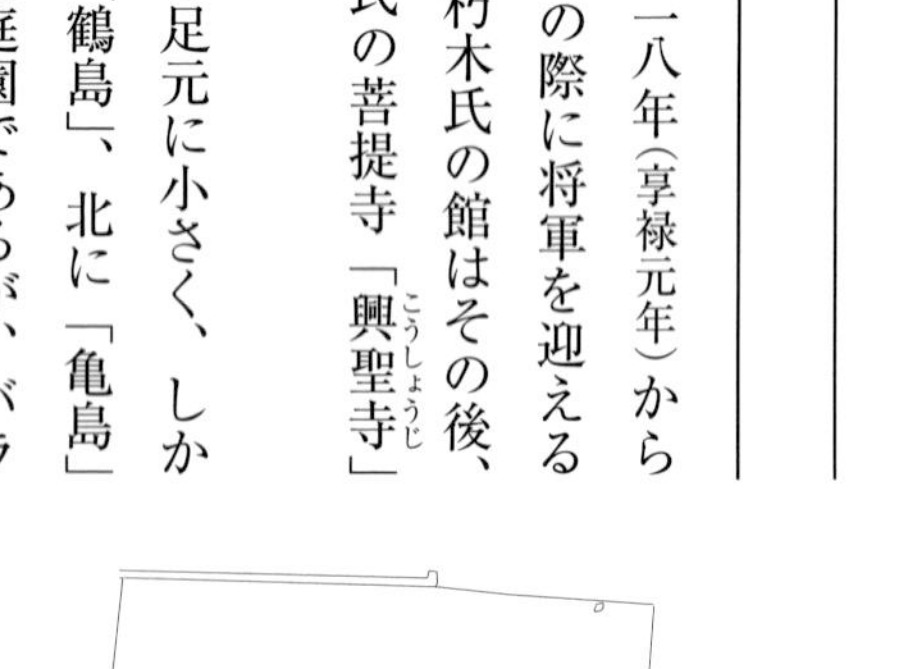

鶴島（左頁上）
鶴の羽を表わす高さ一・八メートル、長さ二・三メートル、厚さ六〇センチの板状の大石（写真右端）とモミジの古木と池。

北側からの全景（左頁下）
背景には朽木の谷が開け、小さく引き締まった景色の庭と美しい対比を成す。

一乗谷朝倉氏遺跡庭園（桃山時代初期）

北陸地方に武勇を誇った越前国守護職朝倉義景《あさくらよしかげ》の一乗谷《いちじょうだに》朝倉氏遺跡庭園である。朝倉一族は一四七一年（文明三年）孝景《たかかげ》の時から五代、約一〇〇年にわたって越前国守護職として栄えるが、一五七三年（天正元年）義景の時に信長によって滅ぼされる。一乗谷川をはさんで南北二キロメートルにおよぶ細長い谷を要塞とし、谷の細くなったところを「上城戸《かみきど》」と「下城戸《しもきど》」と呼ぶ門で区切り、これらに囲われた場に城下町、領主の館、山城を構えた。建築は既に失われているが、この地に立つと、一〇〇年の長きにわたって朝倉氏を栄えさせた地勢を感じることができる。実に大らかな美しき要塞で、小京都と呼ばれるにふさわしい繁栄がもたれされたことがうかがえる。

敷地の入り口の城戸脇には土塁と四五トンの巨石による豪壮な石組みがある。敷地内には主殿のあった館跡の庭園、書院のあった「諏訪館跡《すわやかたあと》庭園」、「湯殿跡《ゆどのあと》庭園」、「南陽寺跡《なんようじあと》庭園」などいくつかの庭園があり、それぞれに厳しさに満ちたすばらしい石組みが残る。特に「湯殿跡庭園」には、戦乱の地を駆ける騎馬武者の一群を思わせるようなダイナミックな動きのある石組みがあり見ごたえがある。「諏訪館跡庭園」ではモミジの古木の横に四メートルを超える巨石がまっすぐに立ち、氏景、貞景、孝景の法号が心月寺月泉《しんげつじげっせん》和尚の筆で一八四六年（弘化三年）に彫られている。主石の左背後には小さく組まれた滝組があり、巨石との対比に妙がある。

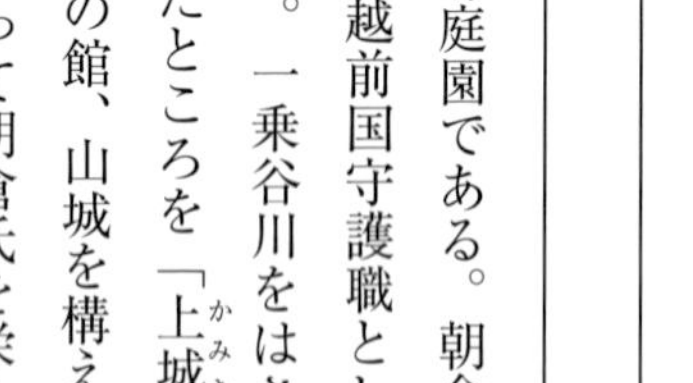

一乗谷朝倉氏遺跡庭園内、諏訪館跡庭園平面図

諏訪館跡庭園のモミジの古木のそばの高さ四メートルを超える巨石（左頁上）

湯殿跡庭園の群に組まれた力強い石組み（左頁下）

桂離宮庭園(江戸時代初期)

後陽成《ごようぜい》天皇の弟である智仁《としひと》親王(一五七九〜一六二九年)が造営した八条宮《はちじょうのみや》家の別荘であり、次の智忠《としただ》親王(一六一九〜六二年)の代に完成した。約五〇年の歳月をかけて造営された池泉回遊式庭園である。桂川から水を引いた五万八〇〇〇平方メートルの敷地には「古書院」、「中書院」、「楽器の間」、「新御殿」からなる一群の建物が雁行し、月や季節をテーマとした施設も随所に配されている。春分の月の出の方位には「梅の馬場」と「園林堂《おんりんどう》」、中秋の月の出の方位には観月の施設である「書院群」、「月見台」、「月波楼《げっぱろう》」、冬至の月の出の方角には「紅葉の馬場」、「松琴亭《しょうきんてい》」が設けられている。

各施設の周囲は露地となり、灯籠や蹲踞などを伴う変化に富んだ苑路があしらわれ、それぞれの小空間が独立した豊かな小宇宙として演出されている。それらは回遊苑路で全体へつながり、次から次に異なるテーマの小宇宙へと導かれる。中央の池は、煎茶の遊興のひとつである舟遊びにも利用され、舟による池畔の施設巡りも行なわれた。池の護岸には船着場のためにそれまでの日本庭園の自然形状の池には見られなかった、直線の大胆なデザインが施されている。庭園意匠もこれまでの日本庭園と比較してより精緻で密度があり、細かい配慮が隅々まで成されている。言い方を換えれば、過去のどの庭よりも人工的であるともいえる。特に回遊式庭園の軸でもある苑路は「延段」、「石畳」、「飛石」のいずれも人の視線や動線を誘導する役を担い、その意匠に隙がない。苑路に沿って、歩みを進めるごとに、池の景色が大きく開けたり、閉じられて山奥を歩むかのようになったりと、さま

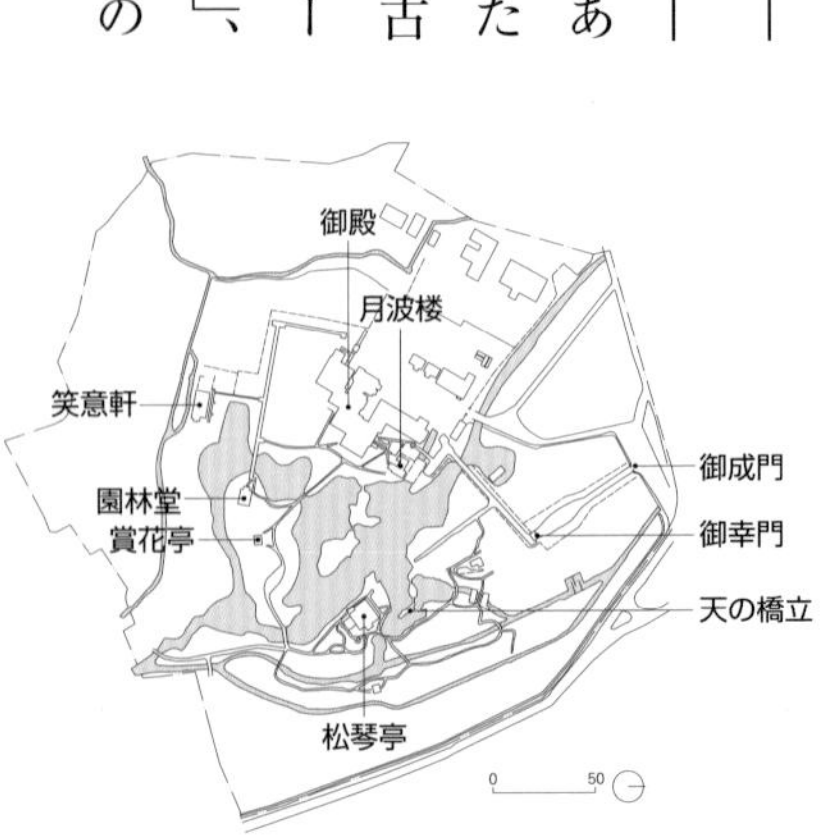

桂離宮庭園平面図

ざまに変化するよう配慮がなされている。

苑路に沿って主建築までを見ていこう。まず表門から入って「御幸門《みゆきもん》」を潜り、紅葉山を左に眺めながら土橋を渡って「霰《あられ》こぼし」と呼ばれる石畳の苑路を左に折れて進む。すると正面に仕立てられたマツ「衝立松《ついたてのまつ》」が目に入る。衝立松へ向かう石畳の両側は生垣で遮蔽され、視線は正面のマツに引き寄せられるようにできている。石畳はマツの足元近くまで続くが、足元の土は小高く盛り上がり、ここが行き止まりだということを示している。枝越しには衝立として隠した景色が見え隠れする。広がる池の景色の左奥には「松琴亭」の屋根も目に入り、この庭の奥行きの深さを期待させる。限られた空間でより奥行きを感じさせるためのこうした手法が桂離宮庭園には随所に見られる。

さて、苑路は衝立松の前で右に折れ、中門を潜り主建築である「古書院」に至る。「中門」を潜ると「真の飛石」と呼ばれる石畳を古書院玄関の御輿寄《おこしよせ》へと進むのであるが、入り口を直接見えないようにすることによって、ここでも奥行きの深さを演出している。門の軸線の右端には手水鉢を置き、門の軸線と玄関の軸線をずらしている。視線と意識が一旦右に振れ、手水鉢で受け止められてから再び動線は左へと導かれる。

茅葺《かやぶき》寄せ棟の田舎風茶屋建築「笑意軒《しょういけん》」は直線で四角く入り組んだ池畔に建つ。中の間の腰壁は臙脂《えんじ》色のビロードと金箔の斬新な文様となっており、その開け放たれた窓越しには田園風景が望める。デザインし尽くされた極みのインテリアに、農の景がマッチしているところが大変興味深い。

茅葺切妻の御幸門（次頁上）
門の脇に四角い御輿石（おこしいし）が置かれている。

古書院御輿寄（次頁下）
コケの中に石畳と飛石がリズミカルに配されている。

松琴亭と長さ五・九メートルの切り石による白川橋（227頁上）
開けた視界の中で空間を引き締めるポイントとなっている。

衝立松を介し、松琴亭の屋根を臨む（227頁下）
松は池面を奥行きとして見せながらストップサインでもある。

修学院離宮庭園（江戸時代初期）

八条宮の甥にあたる後水尾《ごみずのお》天皇（一五九六〜一六八〇年）は一六二九年（寛永六年）、幕府との軋轢から突然の退位をした。失意のうちに表舞台から身を引き、上皇として京都の北東部、比叡山麓近くに一六五六年（明暦二年）から一六五九年（万治二年）にかけ、山荘として上《かみ》と下《しも》の御茶屋《おちゃや》を造営したのが「修学院離宮《しゅうがくいんりきゅう》」である。「中《なか》の御茶屋」は皇女朱宮光子《あけのみやてるこ》内親王の住まいとして一六六八年（寛文八年）に造営されたもので、明治期に離宮の一部に編入された。敷地は上・中・下の御茶屋部分のみでも十万八〇〇〇平方メートルにおよぶ。ほぼ同時代にできあがった、隅々まで精緻なデザインで埋め尽くされた「桂離宮」（２２４頁参照）とは対照的に、こちらは大らかな自然景観をランドスケープ・デザインとして成立させている。ドイツ人建築家ブルーノ・タウトは桂離宮に対しては「目は思惟する」とその繊細さを称え、修学院では「目は見る」と表現してそのスケール感を称えている。

庭園の中の「下の御茶屋」は、後水尾上皇御幸の時の御座所である「寿月観《じゅげつかん》」を中心とした区画である。流れと小さな池がつくられており、袖形の特徴ある灯籠や朝鮮型の灯籠が置かれ、周辺は閉じられた空間となっている。そこから外に出ると眺望が一気に開け、比叡山、北山、東山が目に入り、見わたす限りの田園風景が広がる。動線である一本の畦道の両側は現在多行松《たぎょうしょう》の並木になっており、独特の景観演出となっているが、当初は田の畔道であったという。田畑を耕す農夫たちと出会いながら、春には畔の野草の花を、秋には赤いヒガンバナやススキの銀の穂とたわわに実る稲穂を眺め、約四〇メートル上部にあ

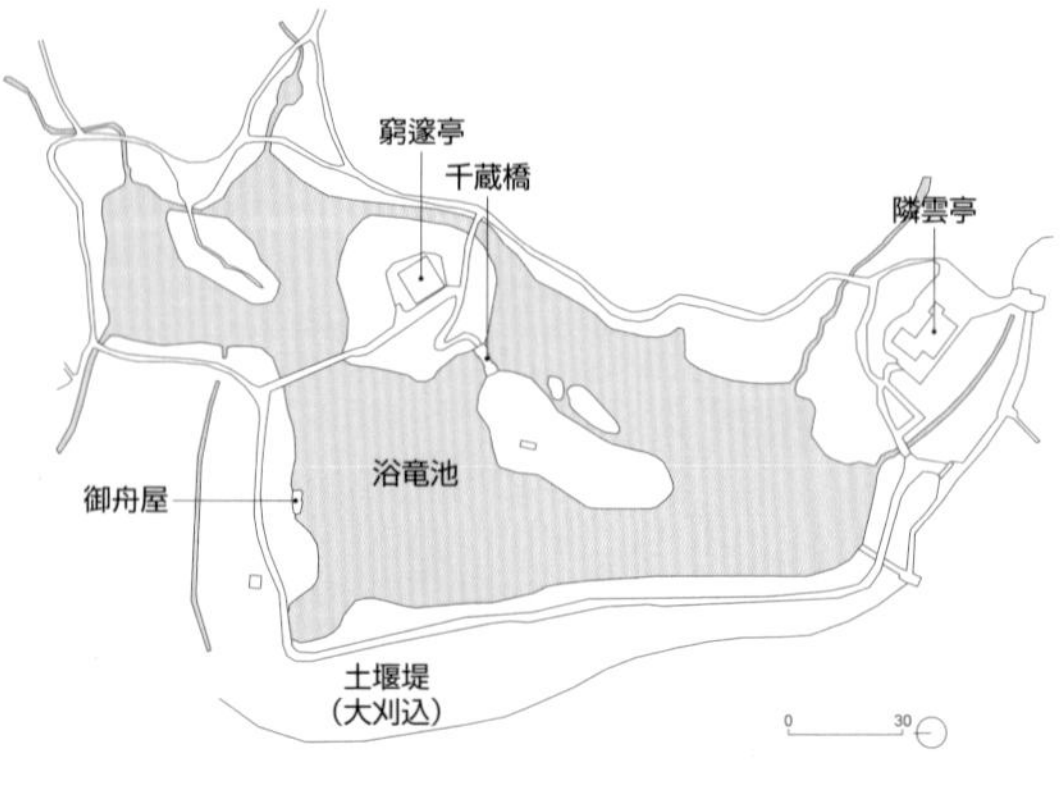

修学院離宮庭園内、上の御茶屋平面図

る「上の御茶屋」へと至る。「桂離宮」では窓外にのみ垣間見た農の景であるが、ここでは農の景が広大に庭園の一画に取り込まれ、その中に入って歩ませることを庭園デザインの主要素としたのである。

修学院離宮の特徴を最もよく表わしているのは「上の御茶屋」である。そこには、山腹に長さ二〇〇メートルにわたって築かれた土堰堤《どせきてい》によって谷川の水が堰き止められ、舟遊びのための大きな池「浴竜池《よくりゅうち》」がつくられた。谷の一番深い所の土止めの高さは十五メートルにおよび、水面に出た尾根は三つの中島として利用されている。池を堰き止めた巨大な堤防はその土止めの石垣を露わにしないように、三段の高生垣と大刈り込みにより覆われ、土木的な構造がデザインへと昇華されることで、これまでの庭園的スケールを逸脱した大きな地形の改変による造形となっている。

浴竜池をさらに上へ、大刈り込みの中を視界を遮られながら石段を上ると「隣雲亭《りんうんてい》」へ至る。眼下には浴竜池が、そしてその向こうには京都北西部の山並みが広がる。広大なスケールの眺望がそこにある。

この開かれた庭園意匠の背景には煎茶の世界感があると、日本庭園研究の第一人者で作庭家でもある尼崎博正《あまさきひろまさ》は指摘する。当時の幕府権力と密着した抹茶の世界を拒否した御水尾上皇は、市中の山居であった抹茶席を一切つくらず、開放的な煎茶席だけの茶座敷と庭園をつくり上げたのである。そこには、明治以降の日本の庭の展開の萌芽を感じることができるのではないだろうか。

隣雲亭より上の御茶屋の浴竜池を臨む
(次頁)
ランドスケープ・デザインと呼ぶのがふさわしい景観の広がりがそこにある。

枯山水庭園

古来、日本の庭園では水を貯めた池が主景を成してきた。しかし鎌倉時代に入って、禅宗の教えに呼応した意匠として、僧や武士は水を実際に使うことなく、水の景色を抽象的に表現した「枯山水庭園《かれさんすい》」を好んでつくるようになる。『作庭記』によると「枯山水」とは「池もなく遣水もなき所に、石をたつる事あり。これを枯山水となづく」とあるが、これは水際から離れた庭園の局所的な手法として述べたものであった。実際の成立は室町時代中期頃と思われ、それが主要な意匠表現へと発展した背景には禅の影響のほか、宋の山水画の手法のひとつである「残山剰水《ざんざんじょうすい》」(180頁参照)や、当時の社会経済情勢の影響もあるといわれる。石組みと苔の地模様を中心に空間が構成され、地面の余白には白砂が敷きつめられて波を暗示するような文様が描かれて水が表現される。

この枯山水庭園という手法は、日本庭園の歴史の中でも最たる抽象表現をとったものである。それまでの庭園のように自然を実際にある風景の縮景的表現とはせずに、自然の本質を石の組み合わせと配置による空間造形として示そうとした。形態が変化しにくい上、造形物として明快に目に見える空間に表わされるため、アートやデザインなどといった視点で見ても共感しやすいものではないだろうか。

龍源院庭園(左頁)
広がりある苔地の余白に、わずかの石が配され自然とは、と語りかけてくる。

西芳寺庭園 洪隠山(南北朝時代)

西芳寺《さいほうじ》は一三三九年(暦応二年)、夢窓疎石を招いて禅宗寺院として復興された寺である。全体は池庭であるが、一部が山裾の斜面を利用した枯山水になっている。敷地北西の「向上関《こうじょうかん》」と呼ばれる門を潜ると、急斜面を石段が幾度も曲がりくねりながら、仙境のような山上へと続いていく。苔むした石積みの脇の階段は造形的にも大変美しく、階段一段上るごとに悟りを開くといわれ、上部にある世界の厳しさを暗示させる。上りきって少し歩を進めると、最初の石の群に出合う。角ある石が、木立の足元に広がる苔で覆われた平坦な場の中に静かに群れ集っている。「亀石組み」と呼ばれているものである。

さらに斜面全体が土止めであり石組みになったところを上ると、そこには「指東庵《しとうあん》」と呼ばれる夢窓疎石の木像を祭ったお堂が建つ。「開山堂」とも呼ばれる。この斜面の作為の感じられない石組みとお堂の白い壁、木立の関係も大変美しい。この奥に庭園全体の御本尊であるかのような枯山水石組みがある。ここが中国の故事にある高僧の隠棲した場所、洪州にちなんで「洪隠山《こういんざん》」と名付けられた場所であり、疎石の剛胆ともいえる石組みがなされている。それは枯流れとなっており、座禅の場に至る階段石組みと座禅石のようでもある。石の群は力強く、まるで山を止めているようでもあり、厳しい修行の場であることを示している。

西芳寺庭園洪隠山平面図

指東庵南の斜面石組み(左頁上)
土止めの役割を果たしながら、石の配置が景色として見事にまとめられている。

洪隠山枯山水(左頁下)
迫力は枯山水の中でも随一である。

大仙院書院庭園（室町時代末期）

大徳寺《だいとくじ》の塔頭、「大仙院《だいせんいん》」は一五〇九年（永正六年）、当代の傑出した禅僧であった古岳宗亘《こがくそうこう》（一四六五〜一五四八年）を開祖として創建された寺院であり、この国宝である方丈に枯山水庭園がある。敷地は方丈に接して北側から東側へと矩形に折れている。この「大仙院」には重要文化財の相阿称《そうあみ》作「瀟相八景図《しょうそうはっけいず》」や狩野元信《かのうもとのぶ》の「花鳥図」などの障壁画もあり、枯山水庭園は北宋山水画の風景の再現といわれている。

「鶴島・亀島」が石組みされたまん中に、屹立する蓬莱山が巨大な阿波の青石の立石で表わされ、そこから流れ出る急峻な滝が川となって大海へ注ぎ出るまでが、水を用いずに表現されている。狭い空間に凹凸のある巨石が配された庭は一旦「書院の間」の東端で橋に見立てられた花頭窓のある「亭橋《ていきょう》」により区切られ、書院の間の南に位置する「礼の間」の、白砂と石だけの大河を表現した空間へとつながる。礼の間の石組みは書院の間の組み方と大きく異なり、「舟石」と呼ばれる一石を据えるなど、小さな石の組み合わせによる動きのある石組みとなっている。さらにこの川は、玄関西脇の白砂と砂盛りのみによる、大海を表わした南庭へと注ぎ込むストーリーとなっており、庭全体が禅僧の思索、瞑想の場となっている。

方丈の北にある北庭は本来、儀式のための白砂敷きの空間であるが、現在一本のヤブツバキと井筒《いづつ》が組まれ、対面する部屋の前には簾《みす》が下ろされて、簡素な中にモダンな色ある空間となっていて、北東の庭とは趣きが大きく違う。

大仙院書院庭園平面図

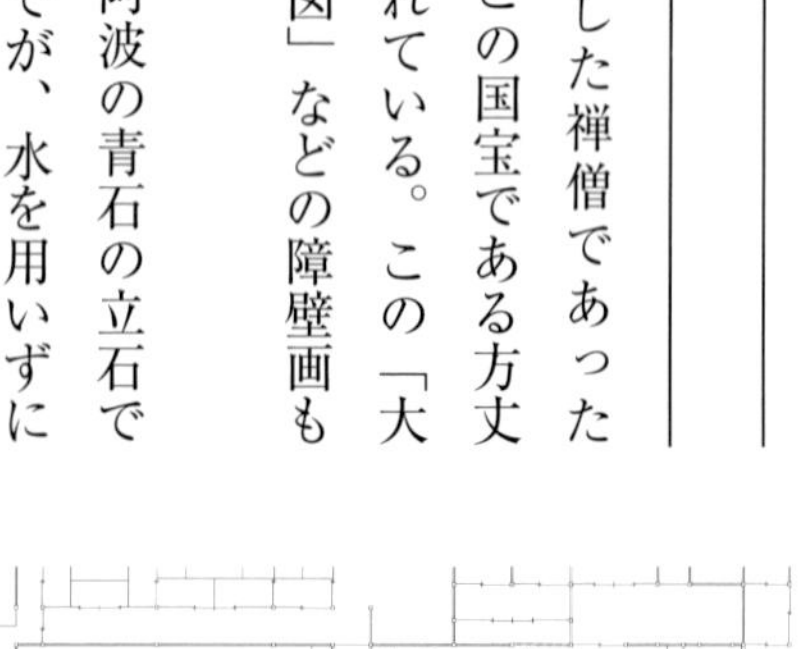

書院庭園（左頁）
方丈の北東に矩形に折れ曲がった枯山水。青石が多く使われている。

龍安寺方丈庭園（江戸時代初期）

「龍安寺方丈《りょうあんじほうじょう》」の庭は日本の代表的な枯山水庭園のひとつである。京都の西北、衣笠山《きぬがさやま》の山麓に位置し、官領細川勝元《ほそかわかつもと》により一四五〇年（宝徳二年）に創建された。臨済宗妙心寺派に属する禅寺で寺域は十二万坪を超える。もとは衣笠左大臣藤原実能《ふじわらさねよし》の別業であり、方丈の南方にはその名残りを残す「鏡容池《きょうようち》」を中心とした池庭がある。応仁の乱で方丈は一度焼失しており、石庭は江戸時代初期のものとの説が今日では有力である。約二五〇平方メートルの白砂敷きの中に五群にまとめられた十五個の石が配され、三方が油土塀《あぶらどべい》で囲われている。配石のバランスが秀逸であるため余計に、庭の作者やその表現されたものに関しては諸説が入り乱れている。『都林泉名所図会《みやこりんせんめいしょずえ》』（一七九九年）では「洛北名庭の第一」と謳われたように、江戸時代からその評価は大変高かったようである。彫刻家イサム・ノグチもこの庭を見、自伝『イサム・ノグチ　ある彫刻家の世界』（小倉忠夫訳、一九六九年、美術出版社刊）の中で「私の竜安寺」と呼んだ「チェイス・マンハッタン銀行沈床園《ちんしょうえん》」（一九六三年）をニューヨークでつくっている。また建築家、磯崎新《いそざきあらた》は配石バランスが黄金比と一致していることを指摘している。

塀側の庭石の裏には「小太郎」、「彦二郎」と読める刻銘がある。技術者の名がこのようなかたちで表に表われることもほとんどないため、話題を呼び、彼らが実際の作庭にかかわった山水河原者の可能性が大きいのではないかと推測されている。西側の油土塀は短い距離にもかかわらず、北から南に向かって高さが大きく変化しており、遠近が強調されている。

龍安寺庭園平面図

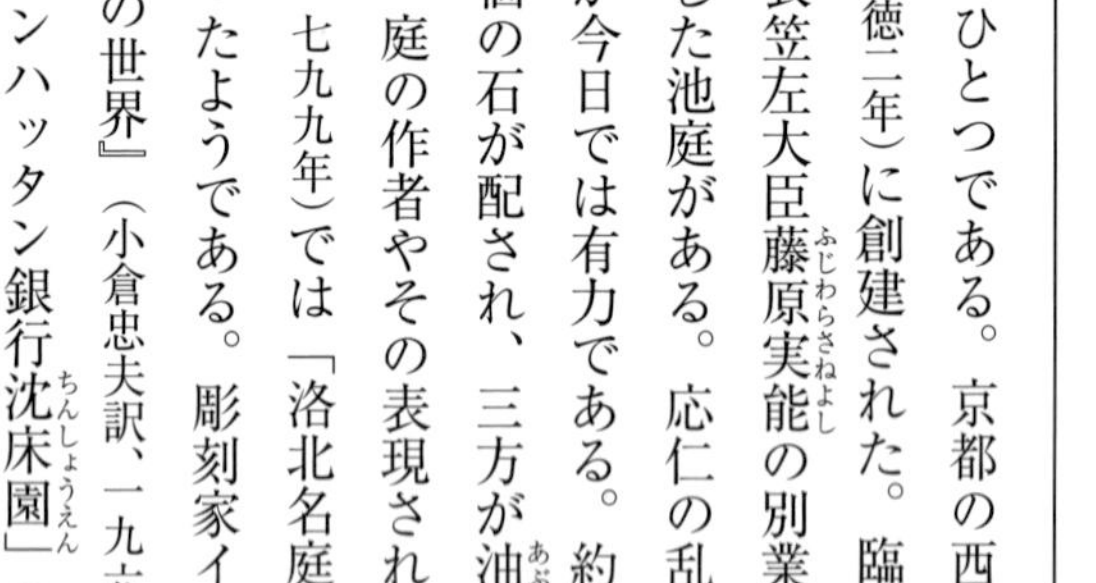

石組み（左頁上）
柿葺の油土塀を背景に白砂の中に石が配されている。

龍安寺方丈庭園
『都林泉名所図会』所収。

白砂の中に浮かぶ石組み（次頁）
小さいが見事なバランスで組まれた白砂の海に浮かぶ十五個の石による石組み。

南禅寺金地院庭園（江戸時代初期）

南禅寺《なんぜんじ》の住職金地院崇伝《こんちいんすうでん》（一五六九〜一六三三年）の住坊。洛北の鷹が峯にあったものを一六〇五年（慶長十年）この地に移したものである。崇伝は京都五山の上位に位置する南禅寺の住職であり、家康の懐刀として諸寺院法度に参画するなど黒衣の宰相として力をふるい、後水尾天皇から「円照本光国師《えんじょうほんこうこくし》」の号を贈られている。方丈は国指定重要文化財であり、狩野探幽《かのうたんゆう》・尚信《なおのぶ》の筆による襖絵がある。庭は小堀遠州《こぼりえんしゅう》（192頁参照）の作であり、その指示の下、庭師賢庭《けんてい》が施工に当たったとされている。この作庭の経緯が『本光国師日記』（一六一〇〜一六三三年）に詳しく記載されている。

方丈前の庭は樹木が大きく刈り込まれた断崖状の山を背景として、右に「鶴島」、左に「亀島」の築山が築かれており、手前には広々とした白砂敷きの空間が広がる。これは徳川将軍家の繁栄を願う祝儀の庭であり、そのために「鶴亀の庭」とされている。庭園の背景の山が一枚の大きな屏風絵のようになっており、庭園全体の構成は単純で力強く、大らかな雰囲気がある。中央には長さ二・四メートル、幅一・九五メートルもある長方形の平坦な大石が据えられており、背景の山中につくられた「東照宮《とうしょうぐう》」への礼拝石《らいはいせき》ともなっている。鶴の首に当たる直方体の石は長さ六・六メートル、幅三メートルの巨大なものであり、礼拝石と呼応したこれらふたつの方形の巨大な石の組み合わせは、空間のスケールに対応した大きさをもち、遠州らしいモダンな造形としてこの庭園の意匠の要となっている。

金地院庭園平面図

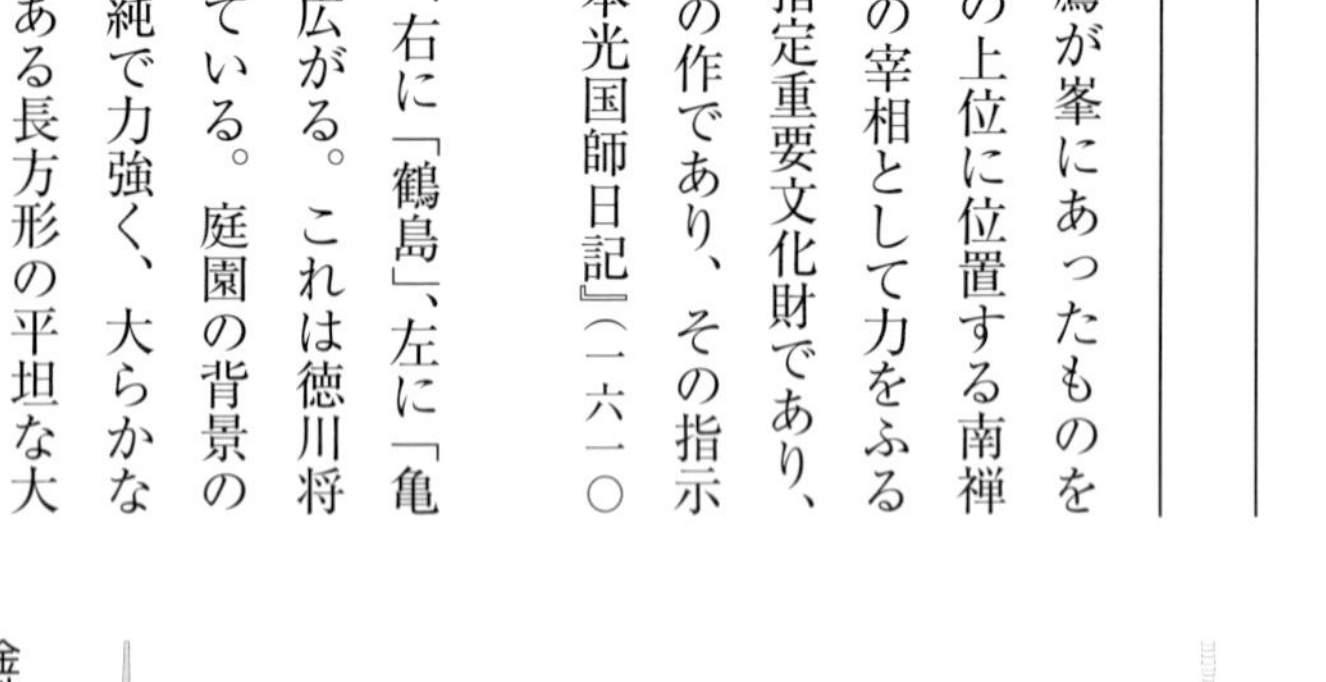

鶴島の石組み（左頁上）
長さ六・六メートルの長大な四角い石が低く据えられている。

金地院庭園全景
『都林泉名所図会』所収。

露地

日本への茶の伝来は、奈良時代以前にまで遡るともいわれる。しかし当時、茶はごく一部の貴族と僧侶の仏会における飲料であり、一般には普及しなかった。その後、鎌倉時代、禅僧栄西《えいさい》が薬用として宋から種子を持ち帰り『喫茶養生記《きっさようじょうき》』(一二一一年)を著して普及に努め、以降定着するようになる。

室町時代には武士たちの寄り合いの場における喫茶の風習が盛んとなり、茶寄合《ちゃよりあい》での「闘茶《とうちゃ》」と呼ばれる茶の品質を言い当てる遊びや、禅院の共同の飲食のための儀礼、儀式としての「茶礼《されい》」が盛んになっていった。「茶寄合」はその後足利義政《あしかがよしまさ》の時代に書院座敷において唐絵、唐物の華美な装飾で飾られた「茶の湯」として、形式が整えられる。

こうした書院の茶とは異なる世界が、村田珠光《むらたしゅこう》を祖とする「侘《わ》び茶」の世界である。彼はそれまでの書院の権威を示す大座敷に対して、小間という小さい建築単位を使用し、人間のスケールに近接した空間として四畳半座敷を考案した。さらに武野紹鴎《たけのじょうおう》により素朴な建築資材である竹格子や土壁が使われるなど、より侘びた風情が追求され、続く千利休《せんのりきゅう》によって二畳、一畳半という究極の空間がつくられていった。それと共に茶を点てて飲む「型」も定められていった。

「市中の山居」と呼ばれる環境のしつらえも「侘び茶」の美意識が追求される

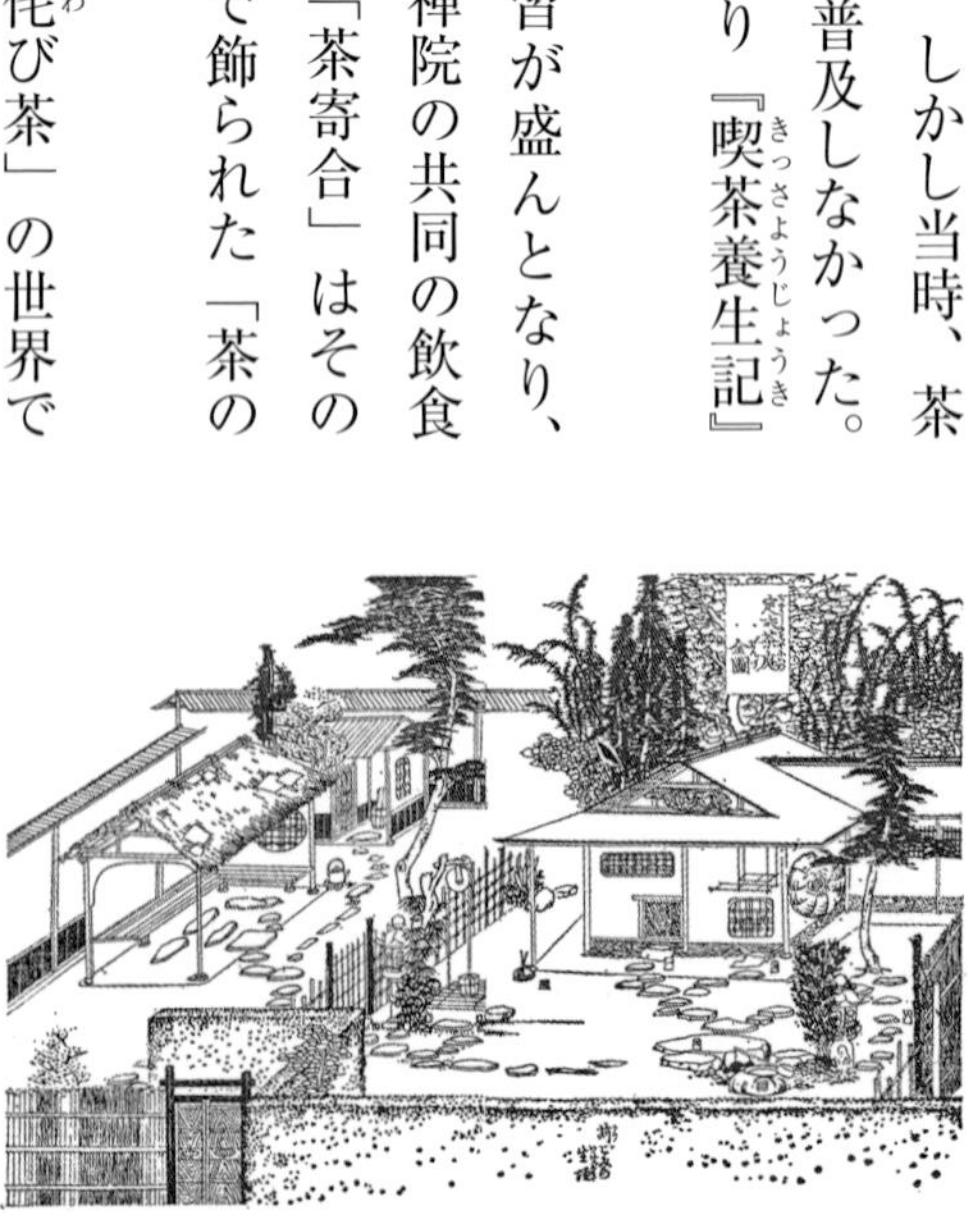

定式茶庭全図
『築山庭造伝後編』所収。二重露地の全体が分かりやすく示されている。

表千家不審菴露地（左頁）

中で確立される。市中の山居とは、町のただ中にいながら、あたかも深山にいるようなたたずまいの演出をいう。そして表から市中の山居に入り、茶室という究極の小空間へ至るまでの外部空間が「露地《ろじ》」と呼ばれた。露地は書院の茶の時代にできた茶座敷の「面ノ坪ノ内」と「脇ノ坪ノ内」と呼ばれる空間がひとつに統合され、確立されたものとされている。もともと「路地」とは狭い道を指す言葉であるが、これに「露」の字を当てたのは、禅宗の悟りの境地を表わす言葉「白露地《はくろじ》」から借りたものともいわれ、利休の教えを後世編集した書物『南方録《なんぼうろく》』（一五九三年頃）に「露」の字が登場して以降、一般化する。利休は露地を「浮世の外の道」とも言っていた。

さて露地のかたちであるが、初期のものでは何もない空間が求められた。それが茶室に入るまでの道すがらにおける約束事を伴った空間として徐々に定められてゆく。それは亭主がその時のためにだけ用意した世界を、客により的確に受け取ってもらい、一期一会の場をつくり出すための工夫である。客は山奥に分け入るような演出がなされた露地を進み、蹲踞《つくばい》や雪隠《せっちん》で身の汚れを落とすことで既存の価値や美の意識を捨て、武士の場合は最後に刀掛けに刀を預けて階級まではずし、亭主に頭を下げて躙口《にじりぐち》を潜って茶室へ入る。露地ではそれまで神前の献灯に用いられていた灯籠《とうろう》や身を清めるための手水鉢《ちょうずばち》も、小道具として宗教を離れて用いられるようになり、また飛石《とびいし》という手法も露地で生まれた。露地の意匠の中心

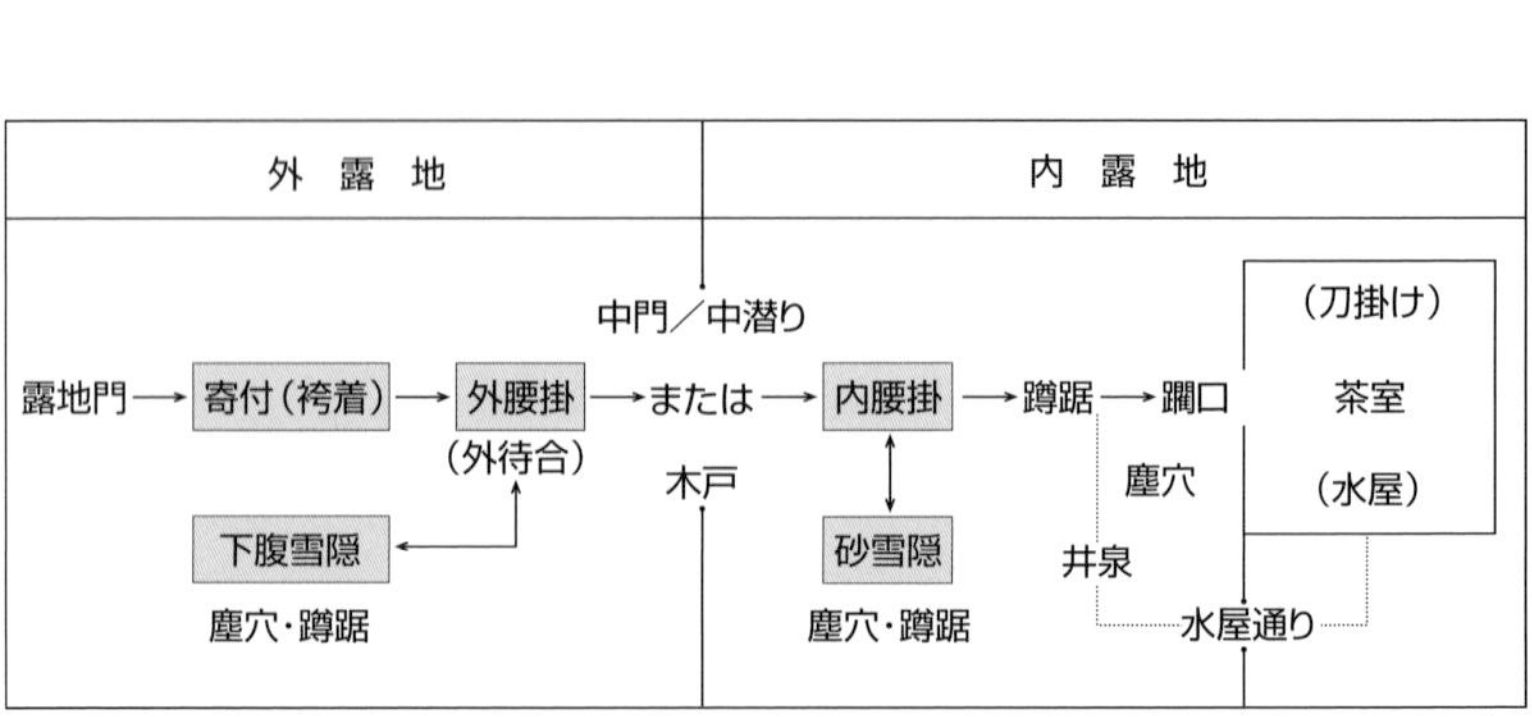

二重露地の図
江戸時代に分かりやすくパターン化された。

はまさに飛石であり、これについて利休は「わたり（実用）を六分、景気（鑑賞）を四分」とし、それに対して古田織部《ふるたおりべ》は「わたりを四分、景気を六分」としたといわれ、時代と作庭者の個性で演出にもさまざまな意匠が凝らされた。

また、露地には茶の約束事が無言のサインとして多様なかたちで張り巡らされている。このサインを読み従いながら露地を進むことにより、茶禅一味の境地に達するとされたのである。たとえば、打ち水は用意が整っているのでどうぞというサイン。途中いくつかの分かれ道がある場合には、「関守石《せきもりいし》」と呼ばれる進入禁止の意を表わすシュロ縄を巻いた石が置かれ、客はそれ以外の路を進む。茶室のにじり口の障子が少し開けられている「手がかり」は、お入りくださいとの合図である。四畳半や小間席では腰張りによっても主客の位置が示される。床の間に掛かっている軸や道具立ても、亭主が用意したテーマを暗示している。

利休によって完成された侘び茶空間は、最小限に削ぎ落とされたものであった。ところが時代が下ると、小堀遠州《こぼりえんしゅう》の露地のように再び眺める庭としての要素が戻ってくる。お茶を点てる座敷も、閉鎖された小間だけであったものから、皆で道具を鑑賞し、視線を庭に移すことも可能な広間を伴うようになる。また、初期のシンプルな「一重露地」から、「二重露地」、「三重露地」と複雑な形式も生まれていく。感性や知性を総動員しながら歩む、ストーリー性のある意匠が凝縮された小空間が連続したものとして露地は発展していったといえる。

妙喜庵待庵露地（桃山時代）

「待庵《たいあん》」は一五八二年（天正十年）前後、京都山崎の妙喜庵《みょうきあん》につくられた侘び茶の真髄を表わす草庵《そうあん》茶室であり、利休の茶室として現存する唯一のものである。愛知県犬山市の「如庵《じょあん》」、大徳寺の「密庵《みったん》」と共に現在、国宝に指定されている三つの茶室のひとつである。妙喜庵は連歌俳諧の始祖である山崎宗鑑《やまざきそうかん》の隠棲地と伝えられる地であり、宗鑑が晩年に四国へ移った後、室町時代の明応年間（一四九二〜一五〇一年）に臨済宗東福寺派の寺として建立されたと伝えられる。三世功叔《さんせいこうしゅく》和尚の時に、秀吉が明智光秀《あけちみつひで》を討とうと天王山の合戦を起こした際、山崎の地に陣を敷き、陣中に利休を招いて二畳隅炉の茶室をつくらせたものが、現在の地に移されたとされる。躙口が考案されたこと、壁の隅を塗りまわし柱を隠し、入り隅を曲面にしたこと、下地窓《したじまど》の考案など、小さな空間に斬新なアイデアの組み込まれた茶室である。桃山時代という豪壮華美を好んだ文化の最中、利休が実現した対極の美の空間である。

露地は書院の縁側から延段《のべだん》によりに導かれ、「待庵」の南西角で飛石に変わり、深い土間廂《どまびさし》の下を進み躙口に至る。その途中には塵穴《ちりあな》と蹲踞、生け込み形の灯籠だけが置かれている。それは露地を清め、招かれた客が手と口をすすぎ、身を清めて席に入る最低限の道具立てである。露地はその後様式化され、複雑に意匠化されてゆくが、ここには露地意匠の原点が形態として残り、その精神も表わしている。

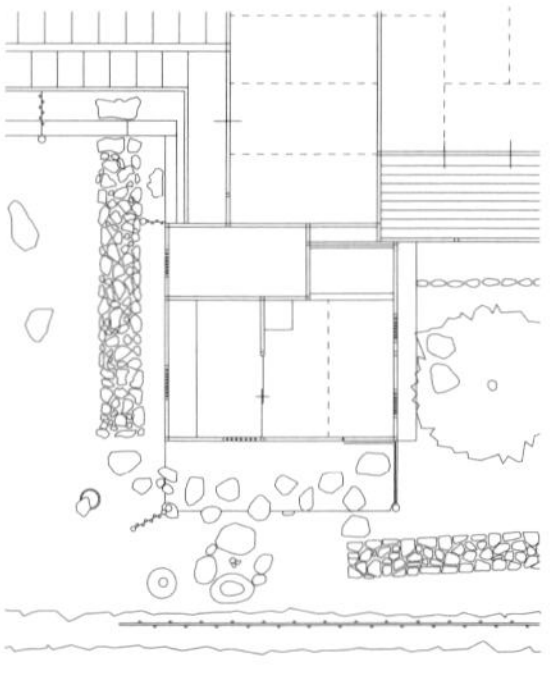
妙喜庵待庵露地平面図

待庵の袖摺の松
『都林泉名所図会』所収。

待庵（左頁）
深い土門廂の下に配された躙口に至る飛石。

表千家不審菴露地（桃山時代）

かつて聚楽第《じゅらくだい》の利休屋敷に建てられていた「不審菴《ふしんあん》」と呼ばれる茶室が、秀吉により自刃させられた利休の一子、少庵《しょうあん》によって一五九四年（文禄三年）に上京区の現在の地に再興され、露地がつくられた。その後三代目宗旦《そうたん》（一五七八〜一六五八年）などによる改修と幾度かの火事による焼失などを経て、大きく変化しながら今日の形態に至っている。宗旦は一六四六年（天保三年）、「不審菴」の裏、すなわち北隣りに四男の仙叟宗室《せんそうそうしつ》と共に「今日庵《こんにちあん》又隠《ゆういん》の席」を建てて隠居し、現在の裏千家となった。

表千家は表の路から五メートルほど奥に入ったところに一八二五年（文政八年）、紀州候より拝領の間口三間の重層入母屋造りの長屋門を構える。これを潜ると正面の土塀とその上に見えるアラカシの高生垣に向かって板石敷きの苑路が直進する。この部分は簡素ながらも重厚な面持ちをもった静寂な空間となっている。突き当たりの土塀左に玄関があり、右側に進めば露地口となる。露地は進む席によって二重露地または三重露地となっている。

露地門を潜るとまず外腰掛けがあり、外露地と中露地（または内露地）の境には中潜《なかくぐり》がある。客は外腰掛けで亭主の迎付けを待ち、中潜で迎付けを受ける。中潜を中（内）露地へと進み左へ路を取ると「残月亭《ざんげつてい》」へと導かれる。まっすぐ進み「梅見門《ばいけんもん》」を潜ると「不審菴」への露地に入る。「梅見門」の右に内腰掛け、正面に砂雪隠《すなせっちん》が置かれ、さらに進み蹲踞で手を清めて三畳台目の「不審菴」躙口へと至る。

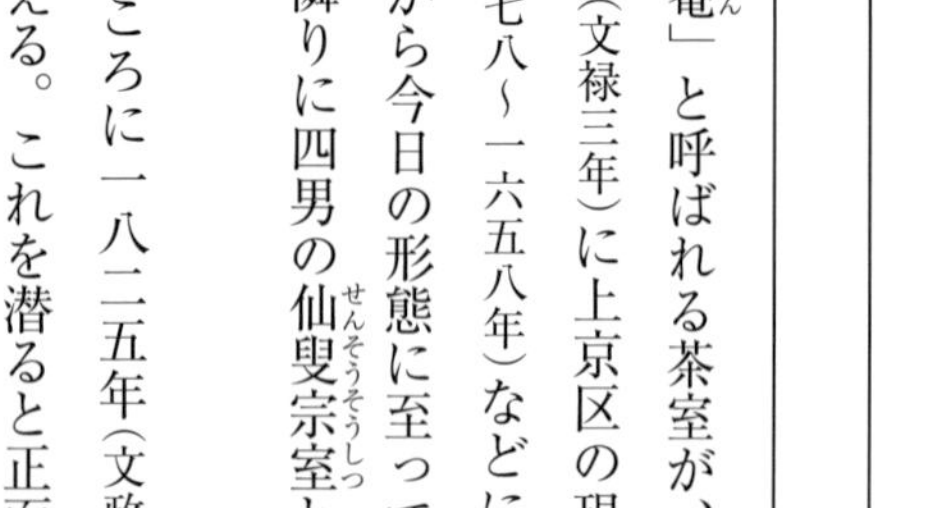

表千家不審菴露地平面図

不審菴躙口に至る飛石（左頁）
鮮やかな緑の苔の中、飛石が静かにリズミカルに躙口に向かって打たれている。

孤篷庵庭園（江戸時代初期）

小堀遠州が大徳寺竜光院《りゅうこういん》内に建立した庵を、自らの晩年の地として一六四三年（寛永二〇年）現在の地に移し、一六四七年（正保四年）に没するまでの忙しい合い間を縫って指示し完成させたものである。孤篷《こほう》とは一艘の苫舟《とまぶね》（菅《すげ》や萱《かや》で覆われた舟）の意味で、隠退し自適の生活を送ろうとする遠州自身になぞらえたものである。表門前の一本の橋脚に支えられた石橋（303頁参照）は側板が櫛形の、小さいながらも厚みとやさしさ、そして大胆さを併せもつ意匠となっている。

方丈前庭は二重刈り込みの生垣で囲まれた赤土だけの何もない庭であり、その前方には船岡《ふなおか》山が見える。方丈北側に「忘筌《ぼうせん》の間」と呼ばれる九畳と三畳の書院造の茶座敷がある。遠州はこの席で、浮世の外の空間として生み出された露地を、再び書院中の接客空間とした。忘筌とは荘子《そうし》の一説「魚を得て筌を忘れ、兎を得て、蹄を忘れる」から取った言葉であり、引退しすべてを忘れようとの意が込められている。筌は魚を取る道具、蹄は兎に仕掛ける道具である。

西側は二段の縁になっていて、障子の下半分が開き、空を隠し露地だけを切り取って見せている。その景は覆いをかけた船の窓に見立てられている。軒内は飛石が三和土《たたき》の中に直線に打たれ、「露結《ろけつ》」と刻まれた手水鉢が置かれ、背後に遠州好みの寄せ灯籠が据えられて斬新で色のある意匠になっている。遠州の綺麗寂びの世界がここにある。

孤篷庵「忘筌の間」露地平面図

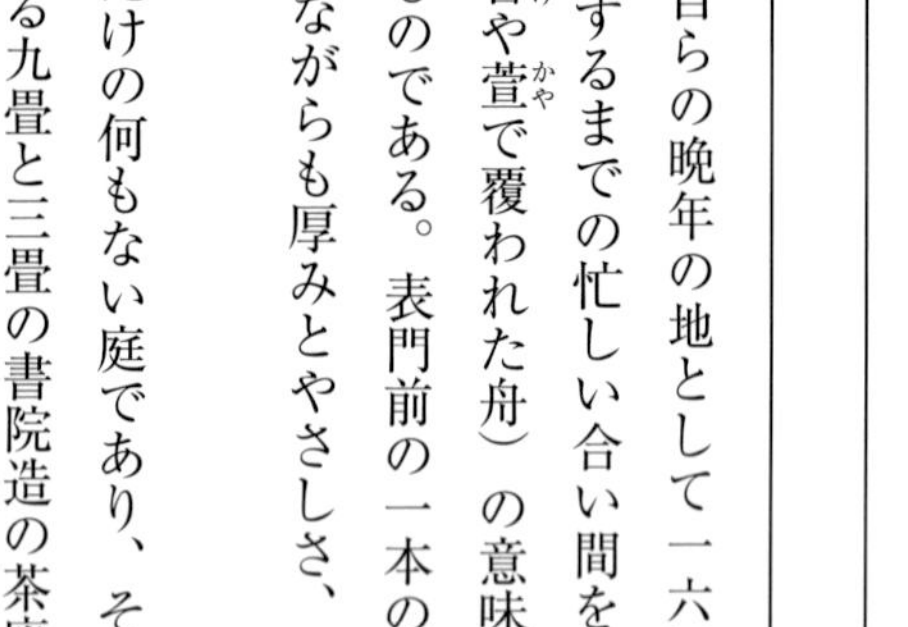

唐門へ至る石畳（左頁）
動線が九〇度曲がる所に行く先を誘導するかのような鉤形の石が据えられている。

「忘筌の間」より庭を見る（254-255頁）
縁先の上半分の視界を遮って庭を見せている。これは苫舟から覗いた景色をイメージさせている。

坪庭

平安時代の寝殿造建築では建物群が渡り廊下でつながれ、入り組んでいたので、おのずとそれらに囲われた空間が生まれ、「壺《つぼ》」と呼ばれた。貴族たちはその壺に野山で採取した秋の草花を植えて楽しんだ。京都御所の「萩壺《はぎつぼ》」、「藤壺《ふじつぼ》」はその名残りである。こうした建築の入り組みの狭間に出現する小空間の庭園化は、その後、町屋の囲われた小空間「坪庭《つぼにわ》」へとつながっていく。

建て込んだ町中にあり、間口は狭く奥に深い建物では、内部にいくつかの坪庭をつくって通風、換気や採光を確保する必要があった。その空間はたった一本の緑の木と一石の沓脱石《くつぬぎいし》だけによる構成であったりする。薄暗い座敷の奥、光の中にそよぐ竹の葉をきらめかせる風情は、町の喧騒から隔絶された別世界の静けさ、生活の豊かさ、そして空間の豊かさを与えてくれる。

町屋の坪庭には「通り庭」、「坪庭」、「奥庭」といって面した部屋と場所によって、いくつかの使い方の異なる庭に分かれている。しかし基本的に坪庭には露地で確立された小さな空間演出の手法が応用されていた。灯籠、蹲踞、飛石、小空間の見えがかりを操作する袖垣《そでがき》。露地のディテールが直接的な茶道の作法と意味を離れ、ひとつの景色として都市の生活環境の小空間を潤す庭園の主な構成要素となっているのである。

杉本家の坪庭（仏間庭）（左頁）
西本願寺本山の北能舞台前の白州と同じ石が敷き詰められ、西本願寺直門徒であったことを表わす。

秦家の坪庭（258－259頁）
下京区の伝統的商家の坪庭。夏のしつらえである簾戸（みすど）越しに緑の涼しさを呼ぶ。

農の景

日本の庭園では江戸時代以降、景観演出手法のひとつとして農村的風景、いわゆる「農の景」が見られるようになる。ここでは従来の庭園史の中では庭の様式としてあまり論じられてこなかった庭園の中の農の景を取り上げてみる。

世界の庭園においては、西欧の中世キリスト教僧院において実用園と呼ばれる果樹園、薬草園、野菜園があった。三章の「中国の庭」で触れた「園圃《えんぽ》」と呼ばれる空間も、果樹や野菜を育てる場所であった。ベルサイユ宮殿のプチ・トリアノンは、整形式の庭園の中に自然風形式庭園が農の景として挿入されたものである。ドイツでは十八世紀末に、過密する都市の病から人々を救う方法として農的リズムをもつ暮らしを目標に始まった「シュレーバー・ガルテン運動」や、その発展としての「クライン・ガルテン」がある。都市の暮らしの中での人々の癒しとして農が果たす意味と役割は、今日の社会の中に大きな意味をもってきていると思える。

日本の庭園で描かれた自然は、まず『作庭記』の「大海様」という言葉で表わされるように海洋風景として始まり、次に露地において「市中の山居」と呼ばれる山里の風景となった。しかし江戸時代になって大名庭園や公家の庭の一部に、新たに農の景が描かれるようになってくる。大名庭園は力の表出であり、饗

新墾田《おわりだ》
『六義園の図 下巻』に描かれた六義園の一角に作られた水田。柳沢文庫所蔵。

宴の場としての役割も果たした。ではそこに農の景がしばしば演出されるのはなぜなのだろうか。それは江戸時代の安定した都市で暮らす武士や公家たちが、自らの立脚する場とは対極にある世界を、庭園の中に取り入れることを望んだからであろう。たとえば「修学院離宮」(228頁参照)では、農の景が主景となるよう庭園が構成されている。水戸徳川家上屋敷の一角であった「小石川後楽園《こいしかわこうらくえん》」には菖蒲田《しょうぶ》があり、その下手に水田がつくられていた。これは水戸光圀《みつくに》が儒教教育の場のひとつとしてつくったものといわれる。五代将軍綱吉《つなよし》の側用人柳沢吉保《やなぎさわよしやす》によりつくられた「六義園《りくぎえん》」の一角には「新墾田《おわりだ》」と呼ばれる水田があった。吉保所領内の新田開発の成果を庭園の景色として取り入れたものである。また、「浜離宮恩賜《はまりきゅうおんし》庭園」は将軍家の浜御殿であったものが明治以降宮内省の所管を経て、現在は東京都のものとなっているが、ここには茶屋、蓮池、水田が一体となった農の景が形成されていた。現在はその面影もないが、当時水田の広さは一五〇〇坪にもおよんでおり、近郷の百姓によって作付けされていた。また、一七七八年十代将軍家治《いえはる》と、一七九一年十一代将軍家斉《いえなり》によって鴨場も造成された。池の周りを土手と密林で囲み、長さ三〇メートル前後の「引堀り」と呼ばれる細い水路を池から多数引き込み、その突き当たりにのぞき穴をつくって鴨を待ち、捕らえる構造になっている。

　都市化の進んだ近世後半においては、生活空間のすぐそばへ生産の場をもち込

浜離宮恩賜庭園の鴨場
のぞき穴からカタカタと板木を鳴らして堀に餌を落とし、おとりの家鴨がほかの鴨を連れて堀へ入るのを待って鷹を放ち、矢で射て捕らえる。

浜離宮恩賜庭園の引堀り(次頁)
鴨場の鳥溜まり。周りは林で囲われている。

修学院離宮の風景(263頁)
広がる田畑の中を、上の御茶屋へ道は続く。

むことが、大きな憧れをもって迎えられたのであろう。コローの風景画やピクチャレスク絵画において農村の風景が主題になったように、日本の庭の中でも、農の景が庭園の大きな要素として表現されたのである。

第六章

時間・骨格・ディテール

日本の庭園がもつ美術や建築にはない独自の特性は、生き物としての自然を最大限に活かすことであり、またそのために空間と個々の要素の形態が時間と共に大きく変化することである。その変化は一様ではなくさまざまな段階の様相があるが、これこそ日本の庭の主役ともいえる。変化する自然をより美しく効果的に享受するためには、空間の骨格は明快でしっかりしたものであることが望ましい。その上で骨格と変化する自然との関係のあり方が重要なデザインのポイントとなる。本章ではこうした日本の庭園の空間構成を分かりやすく理解することの一助として、構成の方法と要素をひとつずつ説明していきたい。

時間概念のデザイン化

西欧の庭園は、大別すれば「整形式」と呼ばれ、自然を人間の意図する形態に制御することによって、その美しさを享受するデザインがなされてきた。それに対して、日本の庭園は「自然風景式」と呼ばれ、自然の素材を自然の形態のままに組み合わせ、空間を表現する。庭園の主役は、あくまでも生きている自然である。この生きている自然を庭園で享受するためには、「生きている自然とは、すなわち時間と共に変化するもの」という認識の下で、意匠として扱う工夫が必要とされてきた。これは「時間概念のデザイン化」ともいえ、日本の庭園の特徴といえる。

この「時間概念のデザイン化」ではまず短いもので、一日単位の変化のデザイン化がある。たとえばある露地に植えられたナツツバキの花が梅雨時のある朝花を開き、夕刻にはその花びらを緑の苔の上に落とす。また、庭の池に反射した光が部屋に映す映像も、時間によって刻々と変化する。その光の変化がインテリアに組み込まれ、天井の裏板や、白壁、障子の意匠とされていることもある。また「浜離宮恩賜《はまりきゅうおんし》庭園」には潮の満ち引きを利用した「汐入の庭」の代表的なものがあり、海水位の上下により池の形状と護岸の景色の変化を見せるように計画されている。

もっとも身近に理解できるのは、一年をひと回りとした四季の変化のデザイン

浜離宮恩賜庭園内の汐入の庭
この水門で海とつながり、一日の間に池の水位が変わる。

中部大学洞雲亭の庭。筆者作庭（左頁）
春の若葉の緑。（上）
秋の紅葉。（下）

であろう。春のウメやサクラ、芽吹きの青葉、夏の涼を取るための水、秋の月や紅葉から冬の雪景色など、四季折々の風情を楽しむための演出。「桂離宮」（224頁参照）では季節ごとの楽しみをテーマとした七つの茶亭が敷地に配されている。「古書院」には秋の名月を楽しむための月見台があり、「賞花亭《しょうかてい》」は春の桜や秋の紅葉を賞でる花見茶屋とされている。「月波楼《げっぱろう》」はまさに月をテーマとした茶亭であり、秋の刈り取りを意匠化した鎌形の手水鉢《ちょうずばち》が置かれている。「紅葉山」、「梅の馬場」などは、季節ごとの植物によるテーマゾーンである。

最後により長いスパンでは、成長し朽ち果ててゆくという自然本来の生態的な経年変化を美と捉え、デザインの大きな要素としたことがあり、「侘《わ》び」、「寂《さ》び」などと表現されている。刈り込みや剪定によって形態を常に一定に整えておく部分とは区別して、成長にまかせ、朽ち果て、苔むしていく姿を美の一形態とするものである。

このように変化する生きている自然を主役としデザイン化した日本の庭は、人間の意図によって構成されたところと、自然に任せるところとを明確に分けてデザインが行なわれてきたといえる。しかし一方で、変化をデザインの主眼としてきたため、評価すべきところを大変分かりづらくしているともいえる。

今日残されている歴史的庭園は、当初植えられた植物の多くがその寿命を終え、自然を迎える装置である庭園の工作物だけが初期の形態をとどめていたり、それすら変化・消失していることも大いにある。こうした場合でも、庭の主役はやはり変化する生きている自然である。作庭当初の植栽に代わり、後の時代の趣向による植物が主景を占めている場合もあるだろう。あるいは台風などの自然災害で大木が倒れ、荒廃し、自然植生に近いものが実生《みしょう》で進入し、生育したものが主景をなしている場合もあるだろう。敷地の所有者が変わったり、長い年月放置され荒廃しているものも多くある。管理され続けてきた庭も、その時々の趣向によって手が加えられていたりする。中には作庭当初の主題が失われてしまっているにもかかわらず、後の変化によって深い感動を呼ぶ庭となっている場合もある。このような庭は作庭時に変化する自然を迎え入れるデザインがきちんとなされ、それに加えてその空間にかかわった人たちが、自然の変化を理解して庭にとって最も適した方法で整えてきたことが結実したものであろう。時間を縦軸とし、その場における人と自然の関係が横軸となって幾重にも織り上げられ、育まれる庭のすばらしさを思う。

日本の庭と人間のつきあい方は、物体にある程度の普遍性を求める建築物などとは異なるのではないだろうか。形体は変化しながらも、その奥にある自然の「普遍的な生命のリズム」があるから、こうしたことが成り立つのかもしれない。変化する形態と普遍的な生命のリズムを主役とする日本庭園。では、そのデザイン構成がどのようになされているかを見ていきたい。

苔の広がりの中の一筋の清流は、侘びた悠久の時を感じさせる(次頁)

庭園の骨格

主役である変化する自然が、その生命のリズムをより美しく、より強調して演じることのできる土台となるのが庭園の骨格である。周りの自然環境から隔絶されたように囲われ、切り取られたように見える庭園でも、決してその庭は単独で存在しているのではない。植物はほかのすべての生き物たちと同じ生命のリズムをもっていることによって、周囲と普遍的につながっている。生命とはけっして切り取られた単独の部分として存在するものではなく、そのことが庭の構造の中に正しく認識されて、生かされて仕組まれていることが、庭のすばらしさを決定付ける。生き物としての植物の組み合わせの美しさと、背景にある生命のリズムという普遍性とが同時に存在することによって、その庭の魅力も決まってくるのである。枯山水庭園など、植物を主眼としない庭にもこの考え方は当てはまる。自然とは何かを最小限の石と砂で構成した枯山水庭園は、自然のもつ普遍性を示そうとする造形でもある。

個別の庭園を計画する際、普遍の自然のリズムをもつためには、より大きな自然と実際にどのようにつながるかが鍵となる。それが「敷地の選択」であり、「囲い」方であり、敷地内の構成、いわゆる「地割（ゾーニング）」であり、それぞれのゾーン同士の関係をデザインしたものとしての「動線の配置」である。

敷地の選択

庭園をつくる際に「敷地の選択」は最も重要なことである。古来、庭を伴なう建築物の多くにはそれぞれ主要なテーマがあり、それは宗教的なものであったり、花や月などの自然を愛でるのに適切な場であったりした。敷地の選択をするということは人間の手でつくり得ない自然の場を選ぶということであり、その行為自体が既に作庭の一環である。その上でどのように庭と建築を配置するかがデザインの要となる。

そうやってつくられた庭園の顕著な例に、一一六八年（仁安三年）建立の「厳島神社《いつくしま》」がある。建築が翼を広げたように海に張り出し、その中心軸線上の海の中にひとつの鳥居が置かれることにより、海そのものが神の空間としての「ニワ」となっている。

もうひとつの例として、夢窓疎石《むそうそせき》（191頁参照）が一三一四年（正和三年）につくった「永保寺《えいほうじ》」（208頁参照）がある。「残山剰水《ざんざんじょうすい》」（180頁参照）の手法を使い、巨大な岩盤から流れ落ちる水景を庭園と見立てて建築を配置している。眺める視点を定め、そこから切り取られる風景を庭園としたのである。自然を人為的につくり出すのではなく、自然そのものにどのように向き合うかを定め、庭とする。

豊かな自然がそこにある時には、あえてつくることをせずとも視点の定め方、配置の関係のあり方、そして自然と人間が関係するための装置だけをデザインすることにより、庭を手に入れることができるのである。こうした自然とどう向き合うかを決定する敷地の選択は、人間が自然に立ち入るため第一歩といえる。

厳島神社（左頁上）
海に張り出して立ち、鳥居によってさし示された先は、神の降り立つ「ニワ」。

瑞泉寺《ずいせんじ》（左頁下）
永保寺と同じく夢窓疎石による庭。選ばれた自然の厳しい姿を表わす岩盤の洞窟は、修業の場であり、庭である。

囲い

建築および庭園を含む場がつくられる際には、敷地境界や区分けしたい空間を囲う。山がちな地形の日本においては、平坦な土地を確保するために地形を読み取り、あるところは土を削り、あるところは土を盛り上げ、きわの土を石積みなどで止める。造成は人間とその地との関係のあり方を示した造形であり、その上で空間を囲う土塀や板塀、生垣や竹垣などの囲いのデザインが、庭園空間の質と意味を決定する。

作家、室生犀星《むろうさいせい》は自ら作庭するほど庭園に造詣が深く、彼の随筆『日本の庭』（一九四三年、朝日新聞社刊）で「私は最近庭には木も石もいらないような気がし出した。垣根だけあればいい」と書き、「垣根と土とを見ていて十分に満足するかも知れぬ」と、囲いと囲われた土の空間だけを庭と見る境地を述べている。

さて、敷地選択と視点設定、そして囲い方が総合されると「借景《しゃっけい》」という技法が成立する。借景は、周囲の自然景観を敷地内の庭と対峙させながら庭の景色として取り入れる手法である。敷地内から見る囲いのデザインが重要な役割を果たし、周囲の取り込もうとする景色が見える高さに生垣や塀を設定する。囲いで外と内の一線を画することにより、両者を緊張感をもって対峙させ、鑑賞者は両者が異なる空間に属することを明確に意識した上で、頭と心の視覚の中で再び融合させる。芸術家岡本太郎《おかもとたろう》は「借景」を「自然と、反自然的要素とを対立のまま結合する技術です」（『日本の伝統』、一九九九年、みすず書房刊）と喝破している。

大阪城石垣
堀と石垣は巨大で美しい土木的な囲いである。

高低差のある地形の地際の収まり（左頁上）
地形に従いながら石を積む高さを変え、より広い平坦な敷地を確保する。

囲いの石垣と排水路（左頁下）
囲いはデザインの最初になされる。排水の処理も基盤のデザインである。

地割

敷地を機能や役割に伴ってどのように区分するか、建築をどの位置に配置するかが「地割」、すなわちゾーニングである。多くの場合はまず建築の配置が、選択した敷地の自然をより的確に取り入れられるように決定される。採光や住まいやすさなど機能的な配慮と、それ以上に宗教やテーマに基づいた根拠が重要とされた。浄土庭園においては浄土である西を向く配置が、「観月《かんげつ》」がテーマならば中秋の月の出に建物の方向を合わせるなどがそうした例であろう。現況地形や敷地境界との関係も大きな要素となる。

その上で主たるアプローチが決まり、残りの余白空間が庭となる。主な構築物の配置の結果、庭の主要部である池と築山の地割はおのずと決まってくる。

動線の配置

「動線の配置」によって地割で区分された空間をどのようにつなげるかが決められる。動線にも玄関へ至る主動線や庭園を巡る動線など、主から副へさまざまな段階がある。しかしいずれにせよ、ある施設や場をつなぐ動線は空間の重要な骨格となり、全体空間へと導き統合するものとなる。日本の庭に見られる動線は西欧庭園によくある直線的なものとは異なり、柔らかい曲線で自然の中へ立ち入ることを常に試みながら、さまざまなシーンへと鑑賞者を誘い、機能的にも空間と場を誘導する役割をもつ。

庭園のディテール

庭園の全体はディテールの集合によって構成されている。庭園の個々のディテールには、日本人の自然観を背景とした自然素材の扱い方が知恵として凝縮されている。

日本の庭園のディテールを構成する素材はすべて天然の素材であり、それゆえにかたちも性状もすべて異なる。そうした自然の形状と性質をできるだけ尊重し組み合わせることによって、機能と美を兼ね備えた庭園が生まれる。こうしたディテールには地域性もおのずと表われ、そこに職人のセンスと個性も複層し、実に豊かな意匠が生み出されてきた。

庭園空間の骨格に関連する重要なディテールとしては、造成や囲いの手法としての「石垣」がまずあげられる。次に主要施設への主たるアプローチや敷地内の空間をストーリー性をもってつなぐ役割を担う「苑路」があげられる。そして『作庭記《さくていき》』において庭造りと同義語として使われた「石を立てん事」の「石組み」、海洋風景を表すための「池」や「流れ」などがそれぞれの空間を構成する。

そのほかに庭園の添景物として「灯籠《とうろう》」、「手水鉢」などの石造品がある。これらは庭の一機能でもあるが、時代の流行や好みにも左右され、庭に華やかさや深みを与えている。

石垣

庭園の一要素でもあるが、土木構造物としての役割をもつ。自然の造形として骨格を構成し、庭園のグランドデザインの要ともなる。石垣の中でも土止めの役割を果たすものを「石積み」と呼ぶ。

石垣の工法は、用材からすると「野石積み」と「切り石積み」に分かれる。野石積みとは山野や河原に転がっている不揃いの形状の石を巧みに使い分けて石垣に積むもの、切り石積みとは岩盤から石を切り出して小割に加工して積むものをいう。積みの形状からは上下の石の横目地を一直線に通す「整層積み」と、石の形状に合うように積み重ねてゆく「乱層積み」に分かれる。整層積みは「布積み」、乱層積みは「谷積み」とも呼ばれ、どちらの工法も自然石で行なわれる場合と切り石で行なわれる場合がある。

石を積み重ねる時にできる空隙を裏側から支える小石は「飼物《かいもの》」と呼び、表側の面を合わせるため角度の調整を行ないながら石を安定させる役割を果たす。石の裏に詰める物は「胴飼石《どうかいいし》」、「艫飼石《ともかいいし》」などと呼ばれる。石垣の表側の空隙も飼物で詰められ、職人の遊び心ある仕事がなされ、石積み全体ができ上がった時に特徴ある文様となる場合もある。また、擁壁となる石積みの背後には「栗石《ぐりいし》」と呼ばれる小石が詰め込まれる。石のかみ合わせと重力の作用だけでもつ石積みは、背後の水を隙間から逃がしながら強固な構造体となる。今日石積みは接合強度をコンクリートに頼ることが多くなり、自然石を石積みできる技術者が本当に少なくなってしまっている。

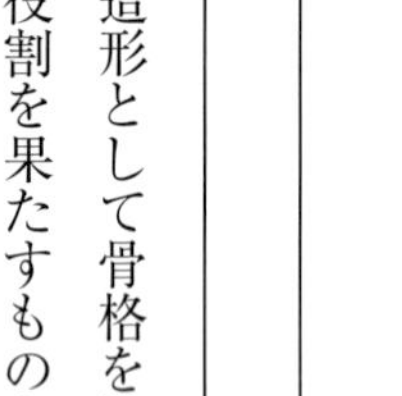

石をぴったりと噛み合わすための石垣の断面図

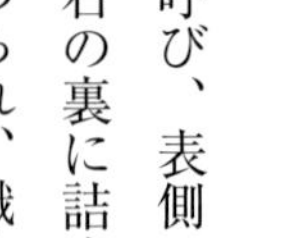

切石布積み

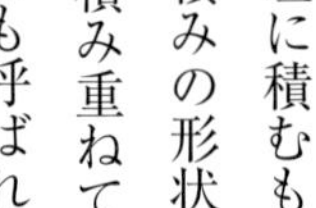

玉石布積み

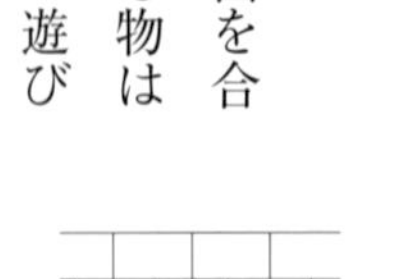

切石谷積み

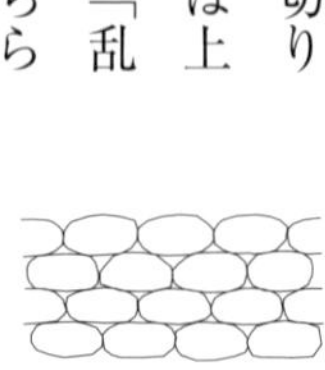

玉石谷積み

安土城石垣（左頁上）
素晴らしい力強さとスピード感がある。

坂本穴太積み（左頁下）
美しい文様となって積まれている。

城積み

城積みの場合、石材の収集が容易でなかったことや、突貫工事を必要としたこと、またノコギリで切断できる種類の石質ではなかったことから、石垣の大部分は野石を加工せずに平坦な面を選んで表に出し、接する石のかみ込みだけを慎重に配慮して、無造作な形状のまま積まれた。しかし多くの城の石積みの隅角は美観への配慮からほかの石より大きなもので、ノミにより加工された方形の石を積み上げる「切り石積み」となっている。隅角の線形は強度を保つため弓形につくられ、「縄だるみ曲線」と呼ばれて城の威厳を強調している。自然のかたちのままの石が大きな平面に構成される美しさと、石垣の形状を整えるために角と天端だけに加工石を使用している城積みは、整形の石を積み上げる西洋の石積みと異なる独特の意匠を生み出している。

戦国中期から近世初期にかけては、多くの築城師《ちくじょうし》（城構の設計者）を輩出し、それぞれの縄張り・地割の技術を売り歩いていたといわれている。大阪城築城時と後の徳川氏による再修理の時には、諸大名が力を競って巨石を運び込んだ。大手門北側外濠石垣はその中でも見事なものである。最大の石は桜門枡形《さくらもんますがた》の中にある「蛸石《たこいし》」と呼ばれる巨石で高さ五・五メートル、幅十一・七メートルもあり、岡山藩の池田忠雄《いけだただお》により献上されたものである。茶道や作庭で知られる小堀遠州《こぼりえんしゅう》（192頁参照）は築城の第一人者でもあり、備中松山城《びっちゅうまつやまじょう》、駿府城《すんぷじょう》、二条城《にじょうじょう》などは彼によるもので、その石垣は見事である。また、三重県上野市に一六一一年（慶長一六年）、藤堂高虎《とうどうたかとら》によって築かれた伊賀上野城《いがうえのじょう》の石垣は約三〇メートルもある高さで日本一を誇っている。

岩村城址石垣（前頁）
城の石垣にしては小さな石が、丁寧な仕事で美しい曲線を描いて積み上げられている。岐阜県恵那市。

石垣（左頁）
朝倉氏遺跡の武家屋敷土塀石垣。（右上2点）
亀甲積み。亀の甲羅のような形に加工して積み上げる手法。（右3段目）
大阪城石垣。飼物石によって美しい文様ができている。（右下）
閑谷学校石塀。かまぼこ型に加工された石塀。（左上2点）
玉石谷積み。（左3段目）
瀬戸焼の窯垣。焼き物を焼く時の棚板を積み上げたもの。（左下）

穴太積み

「安土城《あづちじょう》」築城には、近江坂本《おうみさかもと》の穴太とその近隣の馬淵で墓石や石塔、臼をつくっていた彫石工までが集められた。彼らは石を積む技術をもたなかったが、石垣を築く工人へ作業を指示する専門集団「穴太衆《あのうしゅう》」を組織した。彼らによって指導された石積みが「穴太積《あのうづ》み」と呼ばれるようになり、諸大名から高く評価され、一時は穴太衆が石垣師の代名詞ともなった。

しかし徳川家による天下平定の後は、城普請は沙汰やみになり、一国一城令により多くの城は取り壊され、また多くの穴太の石垣師は地方に散った。それが地方における石垣の普及に大きく貢献することになった。近江坂本は延暦寺《えんりゃくじ》の門前町として栄えた町であり、今でも多くの穴太積みが町の主要景観となっている。

穴太積みは野石積みの一種で、大きな平坦面をもたない本来は石積みに適さないような粗野な石までをも、石と石をしっかりと噛みこませ使いこなす。そのために空隙部が多く、穴が開いたように見え、それが力強い造形として成立している。

閑谷学校石塀

「閑谷学校《しずたにがっこう》」は一六七〇年（寛文十年）、岡山藩主池田光政《いけだみつまさ》によって開設された儒学に基づく武士と庶民との共学の学校である。国宝の講堂をはじめとして孔子廟などの建築群を囲い込む唐様を模したといわれる「すべり肩」と呼ばれる、かまぼこ型の石塀が特徴的である。高さ約二メートル、幅一・九メートル、総延長七六五メートルにおよぶ。硬い水成岩の切り石を不正形に目地を合わせて積み上げ、肩は丸く成形されている。石塀全体に精緻な加工が施されたもので、これだけの長さをもつものはほかに類を見ない。石塀は敷地内の諸施設と共に重要文化財に指定されている。

苑路

苑路は最も重要な庭園の意匠のひとつである。地割され、各ゾーンがそれぞれの機能やストーリーをもつ空間として設定されると、それらをつなぐ苑路は必然的に各ゾーンのもつ性格に規定される。つなぐ場の意味や、ストーリーの演出を補完するための意匠が凝らされ、移動する時に展開する景への対し方、接し方までが苑路の意匠によって導かれる。素材は主に自然石と加工石が使われ、その組み合わせは実に多様である。

延段・敷石

苑路の中で自然石や加工石を用いて、ある一定の幅を全面舗装したものを「延段《のべだん》」、あるいは「敷石《しきいし》」と呼ぶ。大徳寺の数多い塔頭のエントランスには実に多様なデザインの延段が見られ、大変興味深い。

延段は自然石と加工石の組み合わせによって「切り石敷き」、「寄せ石敷き」、「玉石敷き」などとも呼ばれる。桂離宮では、これらが「真の飛石」、「行の飛石」、「草の飛石」と呼ば

大徳寺真珠庵の苑路

桂離宮の飛石と苑路（次頁）
「真の飛石」加工石の組み合わせ。（右上）
「行の飛石」加工石と自然石の組み合わせ。（右下）
「草の飛石」自然石のみの組み合わせ。（左上）
「霰こぼし」、小石だけでまるで霰をこぼしたようになっている。（左下）

武者小路千家官休庵露地の飛石（287頁）
鮮やかな緑の苔の中を絶妙なバランスでリズミカルに打たれている。

れている。正式で格調の高いものが「真」とされ、玄関前など改まった空間にはこの手法が取られる。「草」は崩したもので露地などに使われる手法である。「行」はその中間的なものをいう。

昭和につくられた「大河内山荘《おおこうちさんそう》」の苑路（290～291頁参照）では、瓦をリズミカルに混在させた遊び性のある敷石のパターンが展開されており、興味深いデザインとなっている。

飛石

飛石《とびいし》は自然石の平らな面を上に向け、足を踏み下ろす部分に、離れ離れに配置する苑路の手法である。切り石や石造品の一部などが使われることもある。発生は露地が生まれた安土桃山時代頃だといわれており、もともとは茶室の躙口《にじりぐち》までの道を、土で汚れることなく、人の歩幅に合わせて歩きやすくするための実用的なものであった。『露地聴書《ろじききがき》』（江戸時代）によれば「利休はわたりを六分景気を四分に居中候由、織部はわたりを四分景気を六分に居中候」とある。利休においては実用を主としたものが、古田織部《ふるたおりべ》は意匠に重きをおくようになったということである。

露地の飛石はそれ自体が庭の景色となるため、石を打つリズムにさまざまな工夫が凝らされ「二三連《にさんれん》打ち」、「三四連《さんよんれん》打ち」、「雁《かり》打ち」、「千鳥《ちどり》がけ」などと呼ばれる手法が生まれた。桂離宮では、飛石と敷石とのさまざまな組み合わせの、今見ても大変斬新な意匠を見ることができる。

常楽寺《じょうらくじ》の瓦小端立て苑路（右頁）
名古屋市。青海波（せいがいは）と呼ばれる日本の文様に瓦が組み合わされている。脇の低い壁にも瓦が積み上げられ、鬼瓦がアクセントにはめ込まれてデザインのポイントになっている。

南禅寺金地院の飛石
大きな広がりある空間の地文様の一部となって、まるで一筆の線のように空間にアクセントを与えている。

順路 →

石組み

『作庭記』は「石を立てん事、まづ大旨をこゝろふうべき也」で始まる。石を立てることが庭をつくることと同意語的に使われていたことからも分かるように、自然石による「石組み」はまさに庭園の要であり、もっとも日本の庭らしい空間造形の方法である。置かれる自然石の大きさ、方向性、組み合わせの数、動きにさまざまな表情とバランスがもたされ、空間が構成される。石はその地のエネルギーが集中する場を指し示しているようでもある。

平泉の毛越寺庭園（２０４頁参照）は、数少ない平安時代中期の庭園遺構であるが、池の東南部に斜めに据えられた二メートルを超える立石は、その向こうに広がる水面に対し、非常に印象的な配石となっており、手前の護岸石組みと合わせて荒々しさの中にもリズミカルな連動性を感じさせるものとなっている。

鎌倉、室町時代の石組みは戦乱に明け暮れる武将たちの気風を映し剛胆で緊張感みなぎる、優れた造形のものが多い。時代を経るにしたがって世の中も人の気性も穏やかになり、石組みも穏やかになってゆく。

江戸時代には緊張感ある石の組み方よりも、諸大名が自らの力を誇示するための名石集めに力が払われ、土佐や紀州の青石など、鮮やかな色の派手な石が好まれた。明治、大正時代には佐渡の赤玉石などもはやり、「伏石《ふせいし》」と呼ばれるように低く地にひれ伏したような形状に石が据えられた。

大河内山荘の苑路と飛石（２９０－２９１頁）
瓦や石を巧みに組み合わせた、さまざまなパターンが見られる。

石組み（左頁）
北畠氏館跡庭園。石が渦巻き状に組まれている。（上）
旧秀隣寺庭園石組み。小さな庭であるが力強い石組みの庭である。（下）

滝石組み

日本庭園は海洋風景の縮景であった。海を象徴する池へ流れ込む川が流れとして描かれ、その根源が水の流れ出す滝であった。水系の基点はエネルギーの基点ともなり、そこにはさまざまな意匠と技術が「滝石組み」として凝らされ、特に水の落とし方に創意工夫がなされた。『作庭記』にも水落石のことが詳しく述べられ、落ちる水の形状によって「向落《むこうおち》」、「片落《かたおち》」、「伝落《つたいおち》」、「離落《はなれおち》」、「稜落《あやおち》」、「布落《ぬのおち》」、「糸落《いとおち》」、「重落《かさねおち》」、「左右落《さゆうおち》」、「横落《よこおち》」の手法があるとし、その詳細な配石が述べられている。

流れ・曲水・池

古来、庭園において池に注ぐ水の流れは、「曲水《きょくすい》」として表現された。曲水の起源は中国にあり、流れのほとりで雛人形を流して穢《けが》れを祓《はら》う風習に由来している。魏から晋の時代にかけて、三月最初の巳の日に行なわれた行事が日本に伝わり、桃の節句の雛の曲水の行事となった。また、王義之《おうぎし》の『蘭亭序《らんていじょ》』（三五三年）には、流觴《りゅうしょう》曲水の様子が記されている。それは親しい友人たちを集めて流れのほとりに座り、上流から盃を流し、自分の前を流れ過ぎるまでに詩を詠じられなければ盃を取り上げ、酒を飲み干す宴遊の様である。桃には古来中国では魔除けの霊力があるとされ、雛人形は身の穢れや災いを託して祓う人形《ひとがた》であった。中国における曲水の宴の様子は狩野山雪《かのうさんせつ》「蘭亭曲水図《らんていきょくすいず》」にも描かれている。韓国の鮑石亭《ほうせきてい》（168頁参照）も曲線の加工石でつくられた曲水の場である。

石組み

妙心寺東海庵書院南庭。七石の配置が絶妙のバランスである。（294頁）

龍源院東滴壺。配石、バランスの美しい庭のひとつである。昭和の作庭であるが、古典に引けを取らないものである。（295頁）

無鄰菴の滝石組み。水が三段に落ちるデザイン。（右頁）

大海が池として表現されてきた日本庭園では、大きな水面が庭の景色の中心的位置を占める。池のために掘削された土は周りに盛り上げられ築山がつくられ、その間には変化に富んだ水際をもつ曲水が流れる。曲水全体のかたちもさまざまである。

『作庭記』によれば、遣水はどの方角から流し出しても、あまり凝らないで、「このはしあのはし、あるいは、こちらの山際、あちらの山際に、必要に応じてほりよせほりよせして、おもしろく流しやるべきである」(『作庭記』、田村剛訳、一九六四年、相模書房刊)としている。また「水路の高下を定めて、水を流し下すに就いて、一尺につき三分、一丈につき三寸、十丈につき三尺を下げたならば、水が滞りなくせせらぎ流れる」としている。

日本では、「平城京左京三条二坊宮跡庭園」(196頁参照)の曲水が日本の庭園遺構の中でも最も古く、延長五五メートルある。「毛越寺庭園」(204頁参照)に残る曲水も往時の特徴をよく残す遺構であり、幅は一・五メートル、長さは七〇メートルある。

添景物

庭に彩りを添える添景物にもさまざまある。照明としての機能をもつ「灯籠」。茶事において重要な役割を果たす「手水鉢《ちょうずばち》」などがその代表である。謂われのあるものは時には大変高価な美術品として扱われ、庭の主景ともなった。こうした庭の添景物が加工され、つくられる時には、工芸的、趣味的な趣向や意匠が凝らされてきた。また、別の用途のものを「見立てる」ことも多い。

池、流れ(右頁)
白沙村荘の池。日本画家橋本関雪のアトリエ住居跡。(上)
鹿苑寺、安民沢(あんみんたく)からの流れ。(右下)
無鄰菴。野筋風に屈曲し、幅広に水面を広げる植治独特の流れ。(左下)

灯籠、塔(次頁)
北村美術館四君子苑の宝篋印塔「鶴の塔」重要文化財(右上)
鹿苑寺の層塔。(右中)
白沙村荘の層塔。(右下)
火袋が二枚の平石を立てた特異な平等院の鳳凰堂前石灯籠。(中上)
津島市堀田家の織部灯籠。(中央)
美濃にあった石灯籠。(中下)
如庵の西の屋形石灯籠。(左上)
大徳寺高桐院の六角灯籠。(左中)
如庵の置き灯籠。(左下)

白沙村荘の石仏(301頁)

灯籠・塔

灯籠は本来、神仏への献灯のためのものであった。茶の湯の流行と共に露地の照明として利用されるようになり、はじめは社寺のものが移設されたが、江戸初期以降はさまざまなオリジナル・デザインがつくられた。「利休形《りきゅうがた》」、「織部形《おりべがた》」、「遠州形《えんしゅうがた》」など茶人の名が付けられたものや、「雪見形《ゆきみがた》」、「蛍形《ほたるがた》」など置き場所や形状の異なるものが考案された。また古い社寺のものを本歌として「春日形《かすががた》」、「平等院形《びょうどういんがた》」、「般若寺形《はんにゃじがた》」などがつくられた。

灯籠以外にも庭の添景物として各種の石造品が置かれる。「五重の塔」、「十三重の塔」、「宝篋印塔《ほうきょういんとう》」、「五輪塔」、「石仏」などの仏教で供養のために用いられたものが美術品として庭の景色に使われた。

手水鉢・蹲踞

手水鉢は手と口を清めるため茶庭に設置されるものである。手水鉢は石の場合、自然石に穴を掘ったものと加工したものがあり、陶製、金属製のものもある。手水鉢の前にはやや大ぶりの「前石《まえいし》」と呼ばれる飛石が据えられ、表千家では右手に「湯桶石《ゆとうせき》」、左手に「手燭石《てしょくいし》」が組まれる。（裏千家では逆に配される。）湯桶石は冬の茶会の時に湯を入れた桶を用意しておくための台石である。手燭石は夜咄《よばなし》の時に手燭を置き手元、足元を照らす。手水鉢とそれら石の間は排水のために窪みが付けられ砂利を敷いて「海」と呼ぶ。このように設置される一式を「蹲踞」といい、低く据えられ、つくばって（腰をかがめて）使うところからこう名付けられた。

手水鉢（左頁右下）
暮雨巷（ぼうこう）の四方仏（しほうぶつ）手水鉢。（上）
高桐院の袈裟（けさ）形手水鉢。（下）

石橋（左頁）
弧蓬庵（上）
坂本日吉大社。（左2段目）
白沙村荘。（左下）

蹲踞の排水施設には「水琴窟《すいきんくつ》」と呼ばれる手法がある。海の地中に陶器の瓶を伏せ、流れ落ちる水滴を反響させてその音の風情を楽しむものである。

蹲踞で風情ある特殊なものに「流れ蹲踞」がある。川の流れそのものを手水鉢と見立てている「桂離宮松琴亭」前のものや、流れの中に手水鉢を据える場合がある。また「降り蹲踞」は周辺の地盤より低いところに蹲踞を組み、階段状になった飛石で降りていくものである。中には人の背丈の深さまで降りるものまである。

露地の蹲踞に組まれる手水鉢のほかに、書院の縁先にも手水鉢が置かれる。こちらには背丈の高いものが使われるか、あるいは台座石の上に据えられ、「書院式手水鉢」、あるいは「縁先《えんさき》手水鉢」と呼ばれる。

橋

日本の庭が海洋風景を描いたものであることから、池が掘られ、池を渡る人の動線として橋が設けられ景色の要ともなる。自然石を組み合わせたもの、加工した石の組み合わせによるものなど、小さな工作物ではあるが、趣向が凝らされる。

砂紋

枯山水庭園のあるものには、石組みや苔の地文様による築山以外の部分に、白砂が敷き詰められた。その白砂には文様が描かれ、抽象的な流れや海の表現がなされた。文様は「小波《こなみ》」、「青海波《せいがいは》」、「渦巻き」など直接的な波の文様から抽象的なものまでさまざまである。

暮雨巷の縁先手水鉢

砂紋（左頁）
大仙院の南庭。（上）
東福寺方丈東庭の北斗七星の庭。重森三玲作庭。（右下）
龍源院庫裏書院南の滹沱底（こだてい）砂紋（左下）

塀・垣

敷地境界を囲ったり、敷地内の空間を仕切ったりするのに用いられ、庭の背景としても重要な役割を果たす。塀には「土塀」、「板塀」などがあり、垣は塀より軽く、向こうが透けて見えるようなものをいう。

土塀

土、フノリ、石灰、油、藁などすべて自然の素材でつくられる。天端には雨をさけるために瓦が葺かれ、土の保護のため漆喰で表面を塗り固められるものもある。瓦を壁にはめ込んで壁の意匠とすることもある。「龍安寺」（238頁参照）の油土塀は有名である。

竹垣

竹垣にも多くの種類がある。最初に考案されたものが、その寺の名や地名を取って名付けられ、その形態を本歌としてさらに多くの意匠が加えられたり、改変されたりしている。「建仁寺垣《けんにんじがき》」、「桂垣《かつらがき》」、「大津垣《おおつがき》」、「矢来垣《やらいがき》」、「鉄砲垣《てっぽうがき》」、「竹穂垣《たけほがき》」、「光悦垣《こうえつがき》」、「南禅寺垣《なんぜんじがき》」、「御簾垣《みすがき》」などがある。

竹垣ではないが植物材料を使ったものに「柴垣《しばがき》」があり、クロモジやエゴなどの雑木の枝を胴縁で束ねたものをいう。桂離宮の中門の手前に見ることができる。

塀（左頁）
徳川美術館。瀬戸で焼かれた織部釉の瓦が使われている。（上）
天龍寺の土塀。古瓦のゆがみが美しい。（右下）
熱田神宮の信長塀。織田信長が寄進した築地塀。（左下）

生垣

生きている樹木による垣。庭の区画、門の袖、敷地外周の囲いなどに用いられる。高さは用途によりさまざまであるが、六〇センチメートルから一・五メートルぐらいに四角く刈り込んで仕上げられるのが一般的である。

目隠し、暴風などを目的として、特に高く仕上げたものは「高生垣《たかいけがき》」と呼ばれる。銀閣寺の入り口の高生垣のつくり方は印象的である。最初の門を潜ったところから生垣が始まり、すぐに鉤《かぎ》形に折れて直線部が続き、再び鉤形に折れて次の門のところまで幅約三・六メートル、延長約五〇メートルの長さの、左右を緑のスクリーンにはさまれた中を進む。石垣、竹垣と組み合わされ奥の空間への期待感を見事に演出する。塀の前や、石垣の上に高さ三〇から五〇センチメートル位に低く仕立てられたものは「裾垣《すそがき》」と呼ばれる。特殊なものに「桂離宮」の生きたハチク（淡竹）を編んで竹垣とした「桂垣《かつらがき》」がある。

建築のディテール 自然・庭園とのかかわりにおいて

日本建築には周囲の自然や庭園を取り入れ、内と外をつなげるための工夫が豊富になされてきた。建物の大きな開口部からは奥山、里山や庭を入り込ませ、室内にはより研ぎ澄まされた人工的な小さな自然である盆景、水墨画、生花を飾って身近に置いた。外部と室内をつなぐそうした工夫の一部を見てみよう。

竹垣（308頁）
建仁寺垣。（右上）
四つ目垣。（右中）
孤蓬庵の矢来垣。（左上）
俵屋旅館の犬矢来。（左中）
龍安寺の龍安寺垣。（下）

生垣（前頁）
銀閣寺の高生垣。アラカシ・ツバキなどが混植されている。（上）
桂離宮の桂垣。生きた竹を編んだ生垣。（中2点）
裏千家の生垣。（右下）
カラタチの生垣。（左下）

詩仙堂（左頁上）
二方が大きく開け放たれて絵画的に切り取られた庭を迎え入れる。

成巽閣「清香軒」（左頁下）
建築の軒内にまで入り込んだ流れと内露地。

雁行

建物の出隅、入り隅を繰り返すことによりでき上がる雁行《がんこう》は、周囲の自然と接する部分を増やしながら変化をもたせる方法である。「二条城二の丸御殿」、「桂離宮御殿」の書院群などはそれをよく表わすものである。

軒内・雨落ち

建築と庭園の境は庭園の意匠として捉えた時にも非常に重要である。軒内《のきうち》、雨落《あまお》ちなどがそれにあたる。建築への湿気を防ぐために石敷き、三和土《たたき》など何らかの方法で土が固められる。興味深い例に金沢の成巽閣《せいそんかく》の茶室「清香軒《せいこうけん》」がある。長い冬の雪深い土地で冬の間も「用」と「景」を兼ねて楽しめるように軒内にまで庭の流れが引き込まれている。

濡れ縁・土庇

濡《ぬ》れ縁《えん》は庭園と最も近い内部空間ではないだろうか。また、土庇《どびさし》がかかる三和土の空間も内と外の中間地帯といえよう。建物への雨がかかりや室内への光の具合を差配すると共に、茶室では土庇の下に飛石を配すなど用の工夫も見られる。北陸などでは軒の深い土庇が冬期の積雪時に屋外へ出る役割を果たしていた。

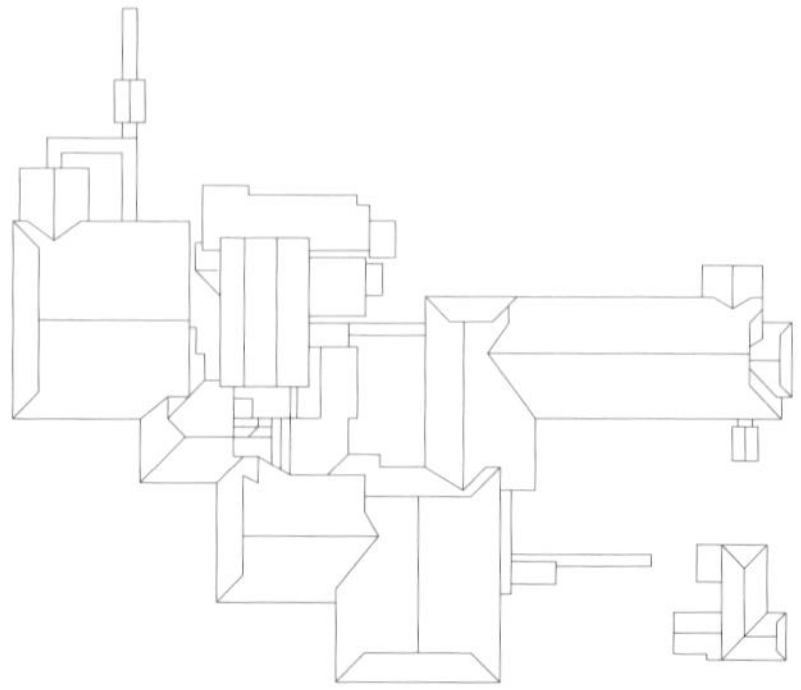

雁行
桂離宮御殿屋根伏図。より自然との接点を広げ、変化に富ませるために、建築を雁行させる。

ディテール（左頁）
俵屋旅館の沓脱石。（右上）
如庵の雨落ち。菰野石（こものいし）のさし石で囲われた雨落ち。（右下）
関守石。ここから先は立ち入り禁止のサイン。（左上）
龍源院の雨落ち。瓦で仕切られた雨落ち。（左下）

植栽

植物は日々成長しその姿を変え、時がくると寿命を迎え枯死してゆく。歴史ある庭園では、作庭当初の植栽の姿と種類は変化し、最初の状態が完全に維持されている庭園は皆無といってもいいであろう。樹木の枯死、台風などの大きな自然の災害による破壊、自然植生の進入などその原因はさまざまである。

それでも植栽景観維持のための技術は、日本の庭においてさまざまに工夫され伝えられてきた。作庭者は意図した植栽景観が生き物でありながらも一定の姿が保たれることを望んできた。そのため旺盛に繁殖し過ぎても困るため、自然形状を保ちながらも成長を抑制しやすい植物を選んできた。マツなどはその代表である。一年に一度のみしか芽を吹かないので制御しやすい。その上で枝葉の美しさを極立たせるために成長抑制の手法が取られる。「松の芽つみ（みどりつみ）」がそのひとつとしてよく知られている。一年に一度の芽吹きの初期段階、枝が柔らかく伸び出した時に、葉を出す直前の状態の新芽を枝になるころと葉の出るところを見極め、三分の二くらいの長さに左手の親指のつめを当て右手でへし折る。芽つみをする季節が遅過ぎたり、あるいは長さを摘み過ぎると芽はその後、「死に芽」といわれる状態になり成長を停止する。これは一年に一枝しか伸びない木をさらに自然に見せながら縮小する手法である。

ほかの樹木にも適用できる「透かし」と呼ばれる整枝剪定の技術もそのひとつである。その木の一年の繁殖の強さや枝の出方の違いを見極め、自然に成長した特徴ある姿を損な

伊勢神宮茶室前のナンテンの植栽
空間を軽く仕切るのに露地でよく使われる手法。

わずに、枝葉を間引いて量を削減し、設定された庭の空間のスケールに合うボリュームの自然な形態に誘導する。人の手を加えながらもその樹木の本質により近い姿に剪定できるかどうかが職人たちの間で競われもした。こうした剪定は風通しを良くして木の健康を守るだけでなく、足下にまで光を差し込ませ庭を明るくする役割や、夏場の涼感の演出でもあった。お盆前や、正月前の清掃の時期に行なわれることが多い。

さて、植物の種類を見るとマツのように古代から現代まで継続して愛好されてきたものもあるが、時代によって嗜好に変化が見られる。飛田範夫によると、平安、鎌倉時代にはサクラ、ウメ、カエデ、シダレヤナギなどの優美な落葉広葉樹、室町時代にはマキ、ビャクシン、カラマツなど枯山水の緊張感に適した風情の針葉樹、安土桃山時代にはカシ、カナメモチ、ヒサカキのような常緑広葉樹が好まれ、江戸時代にはこれらのすべての植物が使用されたという。また江戸時代には外来の植物も多く入ってきたようである。テッセン、ヒナゲシ、ビヨウヤナギ、シュウカイドウ、オシロイバナ、ロウバイ、シュロチクなど、今日われわれが庭であたり前に扱っている多くの植物が、江戸時代に新たに導入された外来種である。江戸時代には園芸植物の品種改良と収集も大流行した。ツバキ、シャクヤク、ツツジ、ボタンなどが庭園を華やかに彩るものとして流行したようである。

庭年表

※この年表は「日本の庭園」（森蘊著、吉川弘文館刊）、「日本庭園辞典」（小野健吉著、岩波書店刊）、「日本の庭園文化」（西桂著、学芸出版社館）などの年表を参考に、本書記載の庭園を中心に作成した。（作成：岡田憲久）

時代	年代	事項
古墳時代	四八五（顕宗天皇元）年	毎年春三月上巳、曲水宴を行なう。
	五〇一（武烈天皇八）年	皇居に池を穿ち、苑を起こし、禽獣を飼う。
飛鳥時代	六一二（推古天皇二〇）年	百済からの帰化人、路子工（芝耆麻呂）、小《お》墾田宮《わりだのみや》南庭に須弥山石と呉橋をつくる。
	六二六（推古天皇三四）年	「島の大臣」と呼ばれた蘇我馬子薨去。
	六五六年（斉明天皇二）年	酒船遺跡庭園遺構、飛鳥京跡苑池遺構に関連すると思われる後岡本宮築造。
	六八九年（持統天皇三）年	草壁の皇子薨去。その邸「嶋宮」の勾池に荒磯のデザイン。
奈良時代	七二八（神亀五）年	聖武天皇、鳥池に行幸し、曲水宴を行なう。
	中頃	平城京左京三条二坊庭園の池、築造か。
	七六二（天平宝字六）年	淳仁天皇、新設の池亭で曲水宴を行なう。
	七七三（宝亀四）年	楊梅宮《やまもものみや》（平城宮東院庭園後期か）完成。
平安時代	八〇〇（延暦十九）年	桓武天皇、神泉苑に行幸。
	八一二（弘仁三）年	神泉苑で花宴の節を催す（日本で最初の公式のサクラの花見の宴）。
	九一四（延喜十四）年	天皇、六条河原院なる左大臣故源融《みなもとのとおる》公の別業に行幸。池庭に龍頭鷁首の船を浮かべ、天皇自ら琴を弾じる。

時代	年代	事項
安土桃山時代	一五八二（天正十）年	千利休、待庵築造。
	一五九八（慶長三）年	豊臣秀吉、醍醐三宝院庭園の縄張りを行なう。
江戸時代	一六二四（寛永元）年	八条宮智仁親王、桂離宮の第一期完成。
	一六二六（寛永三）年	二条城二之丸庭園、小堀遠州により大改修。
	一六三二（寛永九）年	小堀遠州、南禅寺金地院の作庭を指導。
	一六四三（寛永二〇）年	小堀遠州、大徳寺孤蓬庵を現在地に移す。
	一六四五（正保二）年	八条宮智忠親王、桂離宮第二期造営に着手。
	一六四六（正保三）年	千宗旦、今日庵を開く。
	一六五九（万治二）年	後水尾上皇、修学院離宮完成。
	一六六九（寛文九）年	松平綱重、浜御殿庭園（旧浜離宮庭園）完成。
	一七〇七（宝永四）年	浜御殿（旧浜離宮庭園）大改修。中の島茶屋など完成。
	一七三五（享保二〇）年	北村援琴斎著「築山庭造伝（前編）」刊行。
	一七九九（安永十一）年	秋里籬嶋著「都林泉名勝図会」刊行。
	一八〇五（文化二）年	佐原鞠塢、向島百花園を開く。
	一八二二（文政五）年	表千家不審菴、徳川治宝《はるとみ》の御成にあたり大改修。
	一八二八（文政十一）年	秋里籬嶋著「築山庭造伝（後編）」刊行。
近現代	一八九三（明治二六）年	ジョサイア・コンドル著「日本庭園入門」刊行。
	一八九四（明治二七）年	山県有朋、無鄰菴庭園を小川治兵衛の施工により築造開始。
	一九〇七（明治四〇）年	朝倉文夫、アトリエと住居を新築。

平安時代	
一〇五三(天喜元)年	平等院阿弥陀堂落慶法要。庭園も完成か。
一〇九三(寛治七)年	橘俊綱(『作庭記』の編纂者か)の伏見亭焼失。
一一〇七(嘉承二)年	この頃、浄瑠璃寺九体阿弥陀堂建立。
一一二六(大治元)年	毛越寺落慶法要。庭園も完成か。
一一三三(長承二)年	法金剛院青女滝《せいじょのたき》、徳大寺法眼静意により最終的に完成。
一一六八(仁安三)年	平清盛、厳島神社社殿造営。

鎌倉時代	
一二〇五(元久二)年	浄瑠璃寺庭園、小納言法眼《しょうなごんほうげん》により修理。
一三一四(正和三)年	夢窓疎石、永保寺観音堂落成。
一三二三(元亨三)年	称名寺、改修完了。「称名寺絵図並結界記《しょうみょうじえずならびにけっかいき》」成立。
一三二七(嘉暦二)年	夢窓疎石、瑞泉寺創建。
一三三〇(元徳二)年	夢窓疎石、恵林寺創建。

室町時代	
一三三九(暦応二)年	夢窓疎石、西方寺を西芳寺と改め、伽藍と庭園を改修。夢窓疎石、天龍寺を創建。
一三七八(永和四)年	足利義満、室町殿(花の御所)造営。
一三九八(応永五)年	北山殿(鹿苑寺)の黄金閣(金閣)完成。
一四八二(文明十四)年	東山殿(慈照寺)、足利善政により造営開始。
一四九九(明応八)年	龍安寺の方丈再建。
一五一三(永正十)年	大仙院方丈建立。大仙院書院庭園もこの頃か。
一五二八(享禄元)年	足利義晴、近江の朽木稙綱を頼る。この頃、館に庭園(旧秀隣寺庭園)築造か。細川高国、北畠氏館跡庭園築造か。
一五六七(永禄十)年	足利義昭、一乗谷朝倉義景館に御成。義景館庭園この頃か。

近現代	
一九一六(大正五)年	橋本関雪、白沙村荘築造開始。
一九二六(大正十五)年	小川白楊、佳水園完成。
一九二八(昭和三)年	小川治兵衛、野村碧雲荘庭園第二期工事完了、現在の姿になる。
一九三五(昭和九)年	朝倉文夫、昭和三年から増改築を繰り返したアトリエと住居(現在の建物)完成。
一九三七(昭和十二)年	吉兆高麗橋店容膝軒《ようしっけん》前の庭築造(戦後露地風に改造)。
一九三九(昭和十四)年	重森三玲、東福寺方丈庭園完成。
一九四〇(昭和十五)年	白洲正子、鶴川村に農家を購入、「武相荘」と命名。
一九四三(昭和十八)年	重森三玲、吉田神社社家であった鈴鹿家を譲り受ける。
一九四四(昭和十九)年	北村謹次郎、四君子苑完成。母屋進駐軍に接収。
一九五八(昭和三三)年	イサム・ノグチ、ユネスコ本部の庭園完成。
一九六四(昭和三九)年	飯田十基、不二迎賓館庭園。イサム・ノグチ、チェイス・マンハッタン銀行沈床園完成。北村謹次郎、四君子苑母屋を吉田五十八設計により完成。
一九六九(昭和四四)年	イサム・ノグチ、牟礼に彫刻制作場「マル」を完成させる。
一九七一(昭和四六)年	深谷光軌、京王プラザホテル四号街路空間完成。
一九七四(昭和四九)年	深谷光軌、小西酒造庭園完成。
二〇〇五(平成十七)年	イサム・ノグチの死後、モエレ沼公園グランドオープン。

おわりに

庭とは都市の限られた場で、ある特定の価値と嗜好によって人間が選択した自然の断片、すなわち一本の木、一個の苔むした岩、一輪の花などや、それらの組み合わせで生命の声を聞ける空間である。

われわれ日本人は、ある時期までは自然と実にうまく付き合ってきた。農の暮らしに合った自然との共存、共生の知恵。それを現代そして未来の知恵に変換できないかと、今、多くの関心が払われている。自然を尊重した暮らしは、江戸時代以前には農山村だけでなく、都市においても営まれていた。都市は自然のシステムを内包して「自然風景式」と呼ばれる庭園を育み、自然と共にあることが美しく豊かに成立していた。

「家に居ながらにして山水への漂白を楽しむという趣向。この矛盾した身ぶりの中に成立する日本の庭は、その一方の極に山水の断片を配し、他方には、心地よいお座敷を構えて、互いに引き立てあうように工夫されている。山水と座敷。この景色の両極を行き交う振幅のなかで、人の意のままにならぬ自然美への讃辞として、いくばくかの装飾的意匠を巧むのが日本の庭かもしれない」（『探してみよう日本のかたち（七）・庭園』、二〇〇四年、山と渓谷社刊）。この一節は、卓越した景観論を展開されている中村良夫先生により綴られた。主は自然であり、その自然を迎えるための「多少の巧み」が庭のデザインであると看破されたこの文章に私はひどく感動した。

また、尼崎博正先生が『図説・茶庭のしくみ　歴史と構造の基礎知識』（二〇〇二年、淡交社刊）において、日本庭園で描かれてきたモチーフの変遷について「自然を模倣する時代」、「自然を造形する時代」、「自然への回帰の時代」と明快に整理されているのには、目から鱗が落ちる思いであった。この変遷は言い換えれば、「生得の山水をおもはへて」と『作庭記』にあるように、自然を模倣した時代、枯山水に自然の本質を抽象化して造形した時代、そして近代の身近な自然への回帰の時代の三つの時代があったということである。

では、これからの庭と自然のあり方とはどういうものなのだろうか。どのような新しいモチーフで庭を描けばいいのか。今日の都市においては大地のエネルギーや起伏、風や水の流れを受け止める自然の木々はすでに失われている。そんな場所で何を根拠として庭をつくればいいのか。どうすれば場の力につながるような庭がつくれるのだろうか。

本書は庭園デザイナーである私が右のような疑問をもちながら、日本の庭の新たなデザインを求め、デザインという視点から日本の庭とその周辺を読み解こうとしたものである。諸先生方の書を何冊も参考にさせていただいたが、専門に庭園の歴史を研究されている方々から見れば強引な解釈や視点がいくつもあると思う。お許しいただきたい。

最後に道半ばではあるが、私のいくつかの作品をご紹介したい。今日の日常空間で、花と木々をもって語り、都市に自然を力強く迎えたいという思いを抱いて試みた庭である。

人は都市の中でも自然と共にありたい。地球がひとつの生命として生き続けることができるよう、軌道修正が早急に求められている一方で、われわれはこの都市文明社会を捨て去ることができない。そんな中、都市で自然と共にあることを豊かに育んできた日本の文化を再発見し、蘇生させていきたいと願う。

瓦の庭 かい（海）（次頁）
地域の素材を徹底して使ってみようと三州瓦を約一万五〇〇〇枚並べた。職人の手技の集積によって都市のスケールに負けないような音楽が奏でられた。海に近い高浜の波を瓦によって砂紋のように描いた表現は自然の抽象化であり枯山水である。（愛知県高浜市）

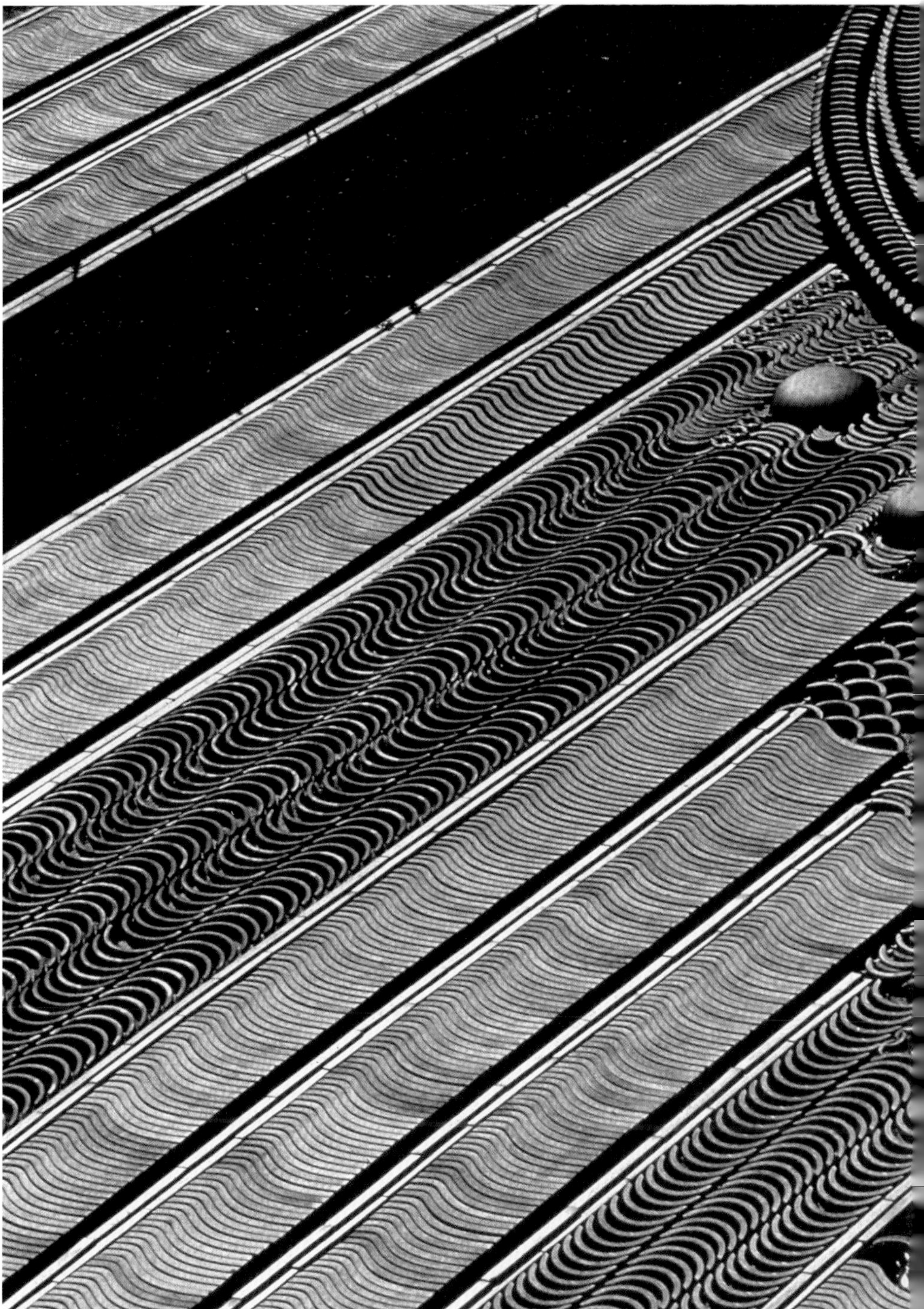

中部大学二五号館中庭「花鏡《はなかがみ》の庭」（上）

庭と広場の中間的な空間としてデザインした。筧と手水鉢を用いて伝統的な日本の形を現代のデザインに変換することを試みた。円形の池は後方半分が前方半分より四ミリ高く設定され水は前面にだけ落ちる。ポンプ容量の節約のため、技術者との話し合いで生まれた収めである。広がる芝生は花で囲まれ、辛うじて残すことのできた既存のクヌギとアラカシは庭の背景になっている。（愛知県春日井市）

アルペン丸の内タワー公開空地（下）

名古屋都心部にある二五階建ビルの公開空地。人工地盤上の限られた敷地で、株立ちの雑木林である緩衝緑地は柔らかく円弧を描いて広場を囲う。ピロティ下にまで広場は潜り込む。わずかな水景ををデザインのポイントにしている。小さな空間であるが自然を迎える装置を都市の広場として整えた。この人工環境において自然はどう育ってくれるであろうか。（名古屋市中区）

私がこんなにも魅力ある庭の世界に出合えたのは、京都での職人時代に尼崎博正先生に出会えたおかげである。今でもご示唆を仰いでいる。ここに深くお礼申し上げます。また、大雑把な切り口であるにもかかわらず、歴史や専門用語のチェックを快く引き受けてくださった河原武敏先生に感謝いたします。

本を執筆するという無謀な試みには多くの人を巻き込んでしまった。古代史好きな九十二歳の父親が最初の資料収集を助けてくれた。そしてイサム・ノグチの日本的空間の受容を論文テーマとしている事務所スタッフの田井洋子が根気よく資料の整理と、私の文章の再構成と議論に付き合ってくれた。

出版への道筋をつけて下さった、龍居庭園研究所の豊藏均氏とTOTO出版の遠藤信行編集長、そして広大なテーマをもて余していつまでたってもまとめられない原稿に、誰よりも根気良く付き合って下さり、多大な苦労をおかけした編集の清水栄江さん、それを魅力あるデザインにして下さった緒方裕子さんに感謝申し上げたい。

庭のすばらしさを分かりやすく、広い背景から理解していただけるものになっていればと思う。庭園、ランドスケープまたは建築にかかわる方々のデザインの参考としても手元に置いていただけたら幸いである。

二〇〇八年　春

岡田憲久

参考・引用文献および論文（順不同）

■北村謹次郎『京・四季の茶事』、一九九〇年、主婦の友社
■北村謹次郎『普請好きの冒険』、一九八九年、芸術新潮40（10）、新潮社
■『古美術緑青NO.14』、一九九四年、マリア書房
■熊倉功夫『近代数寄者の茶の湯』、一九九七年、河原書店
■財団法人台東区芸術文化財団編『朝倉彫塑館』、一九八六年、財団法人台東区芸術文化財団
■朝倉文夫『美の成果』、一九四二年、国文社
■朝倉文夫『衣・食・住』、一九四二年、日本電建株式会社出版部
■朝倉文夫『民族の美』、一九四二年、婦女界社
■坂崎重盛『朝倉彫塑館』、二〇〇二年、東京人（179）、都市出版
■昼田好行『蔵出し住宅第3回　朝倉彫塑館』、一九九八年、住宅建築（279）、建築資料研究社
■尼崎博正編、田畑みなお撮影『植治の庭――小川治兵衛の世界――』、一九九〇年、淡交社
■斎藤隆介『職人衆昔話』、一九六七年、文芸春秋社
■斎藤勝雄編『造園実務集成庭園篇（1）庭園設計の実際』、一九七二年、技報堂
■岡島直方『雑木林が創り出した景色――文学・絵画・庭園からその魅力を探る』、二〇〇五年、郁朋社
■重森千青、一花義広、源明しのぶ編『重森三玲の庭――地上の小宇宙』、二〇〇六年、松下電工汐留ミュージアム
■重森執氏監修、大橋治三ほか写真『重森三玲モダン枯山水』、二〇〇七年、小学館
■溝縁ひろし写真『シリーズ京の庭の巨匠たち1　重森三玲――永遠のモダンを求めつづけたアヴァンギャルド』二〇〇七年、京都通信社
■重森三玲『茶室茶庭事典』、一九七三年、誠文堂新光社
■白洲正子『わが家の風景』、一九五〇年、婦人画報9月号、婦人画報社
■深谷光軌、村井修撮影『外空間』、一九七五年、誠文堂新光社
■深谷光軌『外空間への展開』、一九七四年、庭15号、建築資料研究社
■相賀徹夫編著『探訪日本の庭・別冊二・現代の名庭』、一九七九年、小学館
■イサム・ノグチ、小倉忠夫訳『ある彫刻家の世界』、一九六九年、美術出版社
■田井洋子、佐々木邦博『イサム・ノグチの萬来社庭園とリーダーズ・ダイジェスト東京支社庭園について』、二〇〇六年、日本造園学会誌VOL.69、NO.5
■田井洋子、佐々木邦博『イサム・ノグチのコネティカット・ゼネラル生命保険会社庭園とユネスコ本部の庭園』、二〇〇七年、日本造園学会誌VOL.70、NO.5
■渡辺達三ほか編著『緑の環境設計』、二〇〇二年、NGT
■中村良夫『NHK人間講座　風景を愉しむ風景を創る環境美学への道』、二〇〇三年、日本放送出版協会
■樋口忠彦『日本の景観』、一九八一年、春秋社
■上田篤、中村良夫、樋口忠彦『日本人はどのように国土をつくったか』、二〇〇五年、学芸出版社
■石弘之、安田喜憲、湯浅赳男『環境と文明の世界史――人類史20万年の興亡を環境史から学ぶ』、二〇〇一年、洋泉社
■小野佐和子『江戸の花見』、一九九二年、築地書館
■牧野昇ほか『ニッポン型環境保全の源流「いま」と「お江戸」を重ねてみれば』現代農業九月増刊号、一九九一年、農山漁村文化協会
■『すべては江戸時代に花咲いた――ニッポン型生活世界の源流』、現代農業一月増刊号、一九九六年、農山漁村文化協会
■亘理俊次『芝棟――屋根の花園を訪ねて』、一九九一年、八坂書房
■財団法人河川環境管理財団編『私たちの暮らしと河川環境』、一九九九年、財団法人河川環境管理財団
■中島峰広『日本の棚田――保全への取組み』、一九九九年、古今書院
■田淵実夫『ものと人間の文化史　石垣』、一九七五年、法政大学出版局
■天畠秀秋『風水思想における囲繞の空間構造』、二〇〇三年、京都大学
http://www.archi.kyoto-u.ac.jp/~shuron/public/mta_h15/htm.tembata.pdf
■安田喜憲『日本よ、森の環境国家たれ』、中公叢書、二〇〇二年、中央公論新社
■上田篤『鎮守の森』、一九八四年、鹿島出版会
■永原慶二他編『土木　講座・日本技術の社会史　第6巻』、一九八四年、日本評論社
■合田良實『土木と文明』、一九九六年、鹿島出版会
■稲次敏郎『庭園と住居の「ありやう」と「見せかた・見えかた」――日本・中国・韓国』、一九九〇年、山海堂
■青羽光夫『中国庭園』、一九九八年、誠文堂新光社
■金眞成『百済の古代庭園』、二〇〇四年、日本・中国・韓国の古代庭園シンポジウム資料集、奈良文化財研究所
■小口基實『韓国の庭苑』、一九九九年、小口庭園グリーンエクステリア
■小堀宗実、熊倉功夫、磯崎新、龍居竹之介ほか『小堀遠州　綺麗さびの極み』、二〇〇六年、新潮社

■尼崎博正『図説・茶庭の仕組み――歴史と構造の基礎知識』、二〇〇二年、淡交社

■武居二郎、尼崎博正監修／加藤允彦、仲隆裕、佐々木邦博著『庭園史を歩く――日本・ヨーロッパ編』、一九九八年、昭和堂

■小野健吉『岩波　日本庭園辞典』、二〇〇四年、岩波書店

■西桂『日本の庭園文化――歴史と意匠をたずねて』、二〇〇五年、学芸出版

■森蘊『日本の庭園』、一九六四年、吉川弘文館

■田村剛『作庭記』、一九六八年、相模書房

■中谷ゼミナール、「作庭記」原文データ、二〇〇三年、大阪市立大学、
http://www.arch.eng.osaka-cu.ac.jp/~design/nakatani/kozin/niwa/sakuteiki/sakuteiki-genbun.doc

■飛田範夫『「作庭記」からみた造園』、SD選書、一九八五年、鹿島出版会

■飛田範夫『日本庭園と風景』、一九九九年、学芸出版社

■河原武敏『名園の見どころ（改訂版）』、一九九六年、東京農業大学出版会

■河原武敏『日本庭園の伝統施設　鑑賞と技法の基礎知識』、二〇〇一年、東京農業大学出版会

■京都市文化市民局文化部文化財保護課編『京都市文化財ブックス第十九集「庭園の系譜」』、二〇〇五年、京都市文化市民局文化部文化財保護課

■ジョサイア・コンドル『日本庭園入門（ランドスケープ・ガーデニング・イン・ジャパン）』、二〇〇二年、講談社インターナショナル

■岩切正介『欧米（人）における日本庭園の写像』、一九九六年、横浜国立大学人文紀要

■青木宏一郎『江戸のガーデニング』、一九九九年、平凡社

■宮元健次『図説　日本庭園のみかた』、一九九八年、学芸出版社

■田中昭三『日本庭園を愉しむ――美はどこから生まれるのか?』、二〇〇二年、実業之日本社

■斉藤忠一監修『よくわかる日本庭園の見方』、一九九九年、JTB

■稲次敏郎『庭園倶楽部』、一九九五年、学芸出版社

■進士五十八、白幡洋三郎編『造園を読む――ランドスケープの四季』、一九九三年、彰国社

■藤井英二郎『見る庭と触れる庭』、一九九五年、淡交社

■西村建依『造園入門講座　造園概要　はじめて造園にたずさわる人のために』、一九七九年、誠文堂新光社

■中村良夫『さがしてみよう日本のかたち（七）庭園』、二〇〇四年、山と渓谷社

■前島康彦『東京公園文庫17　向島百花園』、一九八一年、財団法人東京都公園協会

■INAX出版編『新・坪庭考――すまいの小さな自然』、一九九七年、INAX出版

■飯沼二郎、白幡洋三郎『日本文化としての公園』、一九九三年、八坂書房

■岡本太郎『岡本太郎の本〈2〉日本の伝統』、一九九九年、みすず書房

■室生犀星『日本の庭』、一九四三年、朝日新聞社

写真・図版出典一覧（掲載頁順）

■19頁　『京・四季の茶事』、北村謹次郎著、一九九〇年、主婦の友社、p.127

■20-21頁、28-29頁　『古美術　緑青　No.14』、一九九四年十一月、マリア書房

■54-55頁　季刊誌別冊『庭』第3号、一九七七年四月、（有）龍居庭園研究所企画・編集、（株）建築資料研究社

■57頁　季刊誌別冊『庭』第10号、一九七九年一月、（有）龍居庭園研究所企画・編集、（株）建築資料研究社

■103頁　『緑の環境設計』、渡辺達三ほか編著、二〇〇二年、NGT、p.648、図4を改変

■109頁右　『海の正倉院　宗像　沖ノ島の遺宝』、出光美術館・宗像大社復興期成会編、一九七八年、大阪市立美術館・名古屋市博物館・毎日新聞社、p.76

■112頁下　『日本庭園史大系・第31巻・上　古・日本庭園源流（2）』、重森三玲・重森完途著、一九七五年、社会思想社

■113頁下　『庭と空間構成の伝統』、堀口捨己著、一九七七年、鹿島出版会、p.87

■130頁下　『図録生活事典　第1巻　図録農民生活史事典』、秋山高志・北見俊夫・前村松夫・若尾俊平編、一九九一年、柏書房、p.87

■132頁　『図録生活事典　第1巻　図録農民生活史事典』、秋山高志・北見俊夫・前村松夫・若尾俊平編、一九九一年、柏書房、p.87

■133頁　『図録生活事典　第1巻　図録農民生活史事典』、秋山高志・北見俊夫・前村松夫・若尾俊平編、一九九一年、柏書房、p.93

■135頁　『芝棟　屋根の花園を訪ねて』、亘理俊次著、一九九一年、八坂書房

■151頁下　『都林泉名勝図会（上）』秋里籬島・白幡洋三郎監修、一九九九年、講談社、p.80,81

■152頁右　『向島百花園』、前島康彦著、東京都公園緑地部監修、東京公園文庫17、（財）東京都公園協会、p.113

■153頁、154頁『江戸名所花暦』、岡山鳥著・長谷川雪旦画／今井金吾校注、一九九四年、八坂書房

■176頁上『あすかの石造物』、奈良国立文化財研究所、飛鳥資料館、二〇〇〇年、p.7

■176頁左下『あすかの石造物』、奈良国立文化財研究所、飛鳥資料館、二〇〇〇年、p.2

■184頁『作庭記』、田村剛著、一九六四年、相模書房、口絵

■186頁2点と187頁『築山庭造伝（後編）解説』、上原敬二編、一九七一年、加島書店、p.7（真之築山之全図）p.12（行之築山之全図）p.181、p.15（草之築山之全図）

■215頁『都林泉名所図会（下）』、秋里籬島・白幡洋三郎監修、二〇〇〇年、講談社学術文庫、講談社、p.190、191

■217頁『都林泉名所図会（上）』、秋里籬島・白幡洋三郎監修、一九九九年、講談社学術文庫、講談社、p.150、151.152

■239頁『都林泉名所図会（下）』、秋里籬島・白幡洋三郎監修、二〇〇〇年、講談社学術文庫、講談社、p.118、119

■243頁『都林泉名所図会（上）』、秋里籬島・白幡洋三郎監修、一九九九年、講談社学術文庫、講談社、p.200、201.202

■244頁『築山庭造伝（後編）解説』、上原敬二編、一九七一年、加島書店、p.25

■245頁『日本庭園の伝統施設』、河原武敏著、二〇〇一年、東京農大出版会、p.16

■248頁『都林泉名所図会（下）』、秋里籬島・白幡洋三郎監修、二〇〇〇年、講談社学術文庫、講談社、p.237

■260頁『見る庭と触れる庭』、藤井英二郎著、一九九五年、淡交社、p.23

図版提供（50音順）

遠州茶道宗家　192頁
京都市歴史資料館　142頁
独立行政法人国立公文書館　118頁左下
千葉県立中央博物館　152頁左
津山市郷土博物館　143頁
東京国立博物館　137頁、149頁、150頁、151頁上
徳川美術館　148頁
根津美術館　180頁
妙智院　191頁

写真クレジット（50音順）

明日香村教育委員会　120-121頁、176頁上、左下
阿智神社　109頁左
大石浩　115頁上
岡本茂男　249頁
緒方裕子　カバー
表千家　251頁
何必館・京都現代美術館　81頁
河原武敏　226-227頁、254-255頁、286頁
北村美術館　19頁
財団法人成巽閣　311頁下
財団法人奈良屋記念杉本家保存会　257頁
堺市博物館　118頁右下
宗教法人慈照寺　309頁上段
宗教法人平等院　201頁、300頁上段真中
鈴木奈津子　230-231頁
田井洋子　46-47頁、114頁下、136頁、273頁上、283頁左上2点、290頁、303頁右下から2段目、304頁、305頁右下、307頁上、307頁右下、311頁上
天理市商工観光課　97頁
砺波市役所　134頁
奈良市教育委員会　197頁
奈良文化財研究所　176頁右下
信原修　54-55頁、57頁
野村勘治　239頁、263頁
藤井友樹　20-21頁、28-29頁
星屋進児　267頁上下
水野克比古　294頁
水野秀彦　140-141頁、320-321頁
村井修　78頁、110-111頁
上記以外は著者撮影

図版制作協力

田井洋子（景観設計室タブラ・ラサ）
田辺浩晃（名古屋造形大学大学院）

※初版第1刷内容誤りのお知らせとお詫び
初版第1刷第一章「深谷光軌の外空間　京王プラザホテル四号街路空間」内、77頁上の写真に陶芸家會田雄亮氏の作品が誤って掲載されていました。會田様はじめ第1刷ご購入の皆様に深くお詫び申し上げます。第2刷より正しく修正いたしております。修正の詳細については弊社ホームページ http://www.toto.co.jp/bookshop/detail/A0292.html をご参照ください。

著者略歴

岡田憲久(おかだのりひさ)

作庭家、名古屋造形大学大学院教授、景観設計室タブラ・ラサ主宰。
一九五〇年四月 大阪生まれ。七四年信州大学農学部林学科伊藤精晤造園研究室卒業。七四年より五年間京都にて作庭修行。八〇年より名古屋にてランドスケープの設計事務所勤務。八九年より景観設計室タブラ・ラサ主宰。九二年より名古屋造形芸術短期大学助教授を経て現在に至る。

作品

清洲城庭園、蓑虫庵庭園、中部大学工法庵洞雲亭庭園、中部大学二五号館中庭「花鏡の庭」、「瓦の庭 かい(海)」、中部国際空港アクセスプラザガーデン瓦の庭、アルペン丸の内タワー公開空地ほか。

受賞

二〇〇三年　第十回愛知まちなみ建築賞「高嶺下住宅」
二〇〇三年　第十二回甍賞 造形賞「瓦の庭 かい(海)」

日本の庭 ことはじめ

2008年5月15日　初版第1刷発行
2017年3月30日　初版第5刷発行

著者　岡田憲久
発行者　加藤 徹
デザイン　緒方裕子
印刷・製本　株式会社東京印書館
発行所　TOTO出版（TOTO株式会社）
〒107-0062 東京都港区南青山1-24-3
TOTO乃木坂ビル2F
営業　TEL:03-3402-7138　FAX:03-3402-7187
編集　TEL:03-3497-1010
URL http://www.toto.co.jp/publishing/

ISBN978-4-88706-292-4